Jessica Höhn
Theaterpädagogik

Jessica Höhn

Theater-pädagogik

Grundlagen, Zielgruppen, Übungen

Henschel

www.seemann-henschel.de

Bibliografische Information der Deutschen Nationalbibliothek:
Die Deutsche Nationalbibliothek verzeichnet diese Publikation
in der Deutschen Nationalbibliografie; detaillierte bibliografische Daten
sind im Internet über http://dnb.d-nb.de abrufbar.

ISBN 978-3-89487-776-7

2. aktualisierte Auflage

Lektorat: Susi Saussenthaler
Umschlaggestaltung: Ingo Scheffler, Berlin
Titelbild: Szene aus »Lust for Life«, ein Projekt der Mannheimer Bürgerbühne, 2013,
© Christian Kleiner
Abbildungen im Innenteil:
S. 13, 15, 19, 28, 51, 86: © Jessica Höhn
S. 96: © Klaus Hartmann (WA)
S. 103: © Frank Vinken / Off-Theater nrw
S. 109: © Theater Demenzionen
S. 117: © Sabine Dusend / Off-Theater nrw
S. 144: © Jill Flug
Satz und Gestaltung: Das Herstellungsbüro, Hamburg
Druck und Bindung: GGP Media GmbH, Pößneck
Printed in Germany

Inhalt

Mal wieder so richtig Theater machen ...

Vorwort

Theatermachen, das ist nicht nur etwas für ausgebildete Profis. Theatermachen, das entfaltet Gedanken, Visionen und Formen, die man sich selbst manchmal gar nicht zugetraut hat. Theater findet in der Gemeinschaft, im Team statt, selbst wenn nur eine/r auf der Bühne steht, und ist allein dadurch ein soziales Ereignis. Theater ist – auch wenn das viele (noch) nicht wissen – ein zeitgenössisches Medium. Theaterpädagogik ermöglicht unterschiedliche Zugänge zum Theatermachen für alle. Die Anwendungsmöglichkeiten und Zielgruppen theaterpädagogischer Arbeitsweisen und Spielformen entwickeln und verbreiten sich seit etwa 40 Jahren an den unterschiedlichsten Orten und Institutionen, wobei manche Traditionen, insbesondere im Amateurbereich, deutlich länger zurückreichen.

Theaterpädagogik boomt. Theaterpädagogische Arbeit ist inzwischen im kulturellen wie im pädagogischen Kontext weithin anerkannt und erreicht so unterschiedliche Menschen wie Kinder in Kindergärten und Grundschulen, Jugendliche aller Schulformen, Manager von Unternehmen, Auszubildende, Patienten in Kliniken und Therapiegruppen, Studierende aller Fachrichtungen und Inhaftierte in Justizvollzugsanstalten. Dabei entsteht immer öfter aus der Synthese von künstlerischen und sozialen Arbeits- und Denkweisen ein Bereich, in dem künstlerische und soziale Praxis unauflöslich miteinander verbunden etwas Neues eingehen – eben das hier beschriebene Feld der Theaterpädagogik.

Das Buch von Jessica Höhn nimmt uns mit auf eine Reise in die Projektarbeit erprobter theaterpädagogischer Praxis und vermittelt ebenso anschaulich wie vielfältig interessante Einblicke und grundlegende Methoden. In seinem Aufbau ist es ebenso geeignet, Neuankömmlingen die Orientierung im Beruf zu erleichtern, wie auch erfahrenen

Praktikern einen guten Überblick und gezielte Impulse zu geben. Und so wünsche ich mir (und bin mir aber auch sicher), dass dieses notwendige und gelungene Buch zu vielen neuen Projekten, Experimenten und Erlebnissen führen kann und wird. Mal wieder so richtig Theater machen ...

Lorenz Hippe
Autor, Dramaturg und Theaterpädagoge
1. Vorsitzender Bundesverband Theaterpädagogik e.V. (BuT)

Einleitung

> *»Jeder Mensch ist ein Träger von Fähigkeiten, ein sich selbst bestimmendes Wesen, der Souverän schlechthin in unserer Zeit. Er ist ein Künstler, ob er nun bei der Müllabfuhr ist, Krankenpfleger, Arzt, Ingenieur oder Landwirt. Da, wo er seine Fähigkeiten entfaltet, ist er Künstler.«*
>
> Joseph Beuys

Für viele ist es ein Traum, professionell Theater zu spielen, Schauspieler zu werden und jeden Abend auf der Bühne zu stehen. Mein Traumberuf ist die Theaterpädagogik – für mich ist es reizvoll, andere Menschen zum Spiel zu verführen, sie dazu zu bringen, ihre Ängste abzulegen, und dann zu beobachten, wie sie über sich hinauswachsen und auf der Bühne anfangen zu strahlen. Ich habe die Theaterpädagogik für mich entdeckt, weil mich fasziniert, was das Theaterspielen bei Menschen auslöst und welche Freiräume es ihnen eröffnet.

Ich erlebe Theaterpädagogik als weltoffen – wie jemanden, der an vielen Orten zu Hause ist und der gleichermaßen Kinder, Jugendliche, Erwachsene und Ältere anspricht. Mich begeistert an ihr, dass sie Lebendigkeit mitbringt und gemeinsam mit ihren Spielern immer wieder Neues entstehen lässt. Dabei ist theaterpädagogische Arbeit nicht nur Selbsterfahrung für die Spieler, sondern auch schöpferisch: Ihr gelingen einmalige, künstlerische Ergebnisse, die Menschen berühren, zum Nachdenken und zum Austausch anregen. Sie greift gesellschaftliche Themen und Entwicklungen auf, forscht und experimentiert damit. Gleichzeitig schafft sie es, Brücken zwischen Menschen zu bauen, die unterschiedlichen Alters, unterschiedlicher Herkunft und Kultur sind. Auch körperliche oder geistige Beeinträchtigungen spielen keine Rolle.

Ich vertrete einen freien, partizipativen Leitungsstil und lege Wert auf den Dialog mit den Spielern. Meine Inszenierungen entwickeln sich aus einem forschenden Ansatz mit viel Raum zum Ausprobieren, wieder Verwerfen und neu Probieren.

In meiner Arbeit ist es wichtig, mich mit Kollegen auszutauschen. Am Berufsanfang hat es mir geholfen, andere Perspektiven kennenzulernen und dadurch eine eigene Haltung zu finden. Mit diesem Buch unternehme ich den Versuch, unsere und meine Fragen aus der Praxis zusammenzufassen und mögliche Antworten darauf zu geben.

Ich verstehe das Buch als *Blick über die Schulter* in die theaterpädagogische Praxis. Es beschreibt meinen Alltag und wie ich meine Arbeit verstehe. Es ist kein Lehrbuch für Theaterpädagogik von A bis Z und erhebt nicht den Anspruch, die Disziplin vollständig abzubilden. Die Ausführlichkeit der Kapitel entspricht meinem Verständnis von einem Einstieg in die Praxis und beinhaltet längst nicht alles, was man über die Arbeit wissen kann. Ich verstehe das Buch als Einladung, Theaterpädagogik selber auszuprobieren und ein eigenes Profil zu entwickeln.

Für den besseren Lesefluss wird die männliche Anrede verwendet – natürlich sind alle Theaterpädagoginnen und Spielerinnen ebenso angesprochen. Beispiele, Aufzählungen und Vorschläge werden in einer Klammer (...) dargestellt und nur exemplarisch genannt.

Das Buch lässt sich sowohl von »vorn bis hinten« durchlesen als auch kapitelweise. Diesen Lesevarianten ist es geschuldet, dass es manchmal zu thematischen Überschneidungen kommen kann, die hiermit entschuldigt sein mögen.

»Ich spiele mit Menschen Theater!« – Grundlagen der Theaterpädagogik

Wenn ich gefragt werde, was ich beruflich mache, folgt auf meine Antwort fast immer als zweite Frage: »Was ist Theaterpädagogik?« Ich erwidere dann: »Ich spiele mit Menschen Theater!«

Das ist für mich die kürzeste, einfachste und schönste Beschreibung eines Berufs, der Leidenschaft, Engagement und Hingabe erfordert: Leidenschaft für die Theaterkunst, Demut im Umgang mit Menschen und Hingabe zum Spiel. Als Theaterpädagogin lade ich Menschen ein, die Welt in ihrer Vielfalt theaterspielend zu erforschen und dabei neue, ungewohnte Perspektiven einzunehmen, mit und vor anderen: Auszuprobieren, wie es sich anfühlt, andere Wege zu gehen, in eine Sackgasse zu geraten, Fehler zu machen und neue Lösungen zu finden. Meine Theaterspiele und Übungen orientieren sich an den Talenten und Fähigkeiten der Teilnehmer und helfen ihnen, Hemmungen zu überwinden und ihre Spielfreude (wieder) zu entdecken.

Dafür wird ein dritter Raum geschaffen, in dem es eine gemeinsame Verabredung zum Spiel, zum »Wir tun nur so«, gibt. Es entsteht eine fiktive – eine theatrale Welt – in der es besondere Regeln und Vereinbarungen gibt. Diese Verabredung ist eine Einladung und zugleich eine Erlaubnis, in andere Rollen und Situationen zu schlüpfen und fern von gewohnten Verhaltensmustern zu agieren. Die Spieler können zum Bösewicht werden, nachempfinden, wie es sich anfühlt, ein Held zu sein, oder unbekannte Ausdrucksformen für Worte, Gefühle und Zustände finden. Sie werden zu Gestaltern ihrer Theaterwelt und erfinden selbst Orte, Figuren und Spielhandlungen. Sie erleben sich als Impulsgeber, indem sie andere mit ihren Ideen zum Spielen einladen. Dabei muss der Spieler sich nicht an die »naturgetreue Abbildung« der Realität halten: Das Theater bietet vielfältige Möglichkeiten, um Stimmungen intensiver, Zusammenhänge deutlicher oder Situationen inspirierender werden zu lassen.

Theaterpädagogik orientiert sich nicht nur am klassischen Literaturtheater, sondern lässt sich auch vom Musik-, Masken-, Figuren- und Objekttheater, Bewegungs- und Tanztheater, von Zirkus und Artistik, der Performance-Kunst, freien Aktionen (wie Straßentheater, Flashmob, Walking Acts), aber auch von Medien und Computerspielen beeinflussen – wobei der Körper des Spielers das vorrangige Gestaltungsmittel bleibt. Mit Gestik, Mimik, Stimme und Sprache kann einer alltäglichen Handlung ein anderer Ausdruck und eine andere Bedeutung gegeben werden. Energie, Haltung und Präsenz können sich entfalten. Theatermethoden und Übungen regen kreatives Denken, Imagination, Fantasie und Flexibilität an, trainieren die Sinne und die Ausdrucksfähigkeit der Spieler – vor allem im Bereich der eigenen Wahrnehmung …

- des Körpers: Wie stehe ich?
- des Raums: Wo befinde ich mich?
- des Gegenübers: Wo ist mein Spielpartner?
- und den Signalen des Spielpartners: Welche Spielimpulse sendet er?

Eine Orientierung für die Spieler liefern W-Fragen. Das sind Fragen, die mit dem Buchstaben W beginnen. Sie gehören zu den »offenen Fragen«, die sich nicht mit »Ja« oder »Nein« beantworten lassen (s. Abb.).

Das Theater braucht mindestens zwei Personen, damit es stattfinden kann: Eine Person, die auf der Bühne agiert, während eine andere zuschaut, wie Erika Fischer-Lichte in der *Semiotik des Theaters* (1983) beschreibt. Die Theaterpädagogik hingegen entfaltet ihre Möglichkeiten am besten in einer Gruppe – in der sowohl jeder in die Rolle des Akteurs als auch des Zuschauers schlüpfen kann. Für den Spieler wirken die Mitspieler stärkend und motivierend: »Alle machen das, was ich auch mache«, aber auch herausfordernd: »Wenn das alle machen, dann kann ich das auch!«

In der Rolle des Zuschauers entwickelt der Teilnehmer eine ästhetische Wahrnehmung und lernt, Wirkungen zu formulieren. Eine wertschätzende Atmosphäre und eine konstruktive Feedback-Kultur sind die Voraussetzung für den Dialog zwischen Zuschauer und Spieler. In der Doppelrolle eines Zuschauer-Spielers formuliert der Teilnehmer nicht nur eine Rückmeldung für das Spiel der anderen, sondern kann auch sein eigenes Handeln auf der Bühne reflektieren und weiterentwickeln.

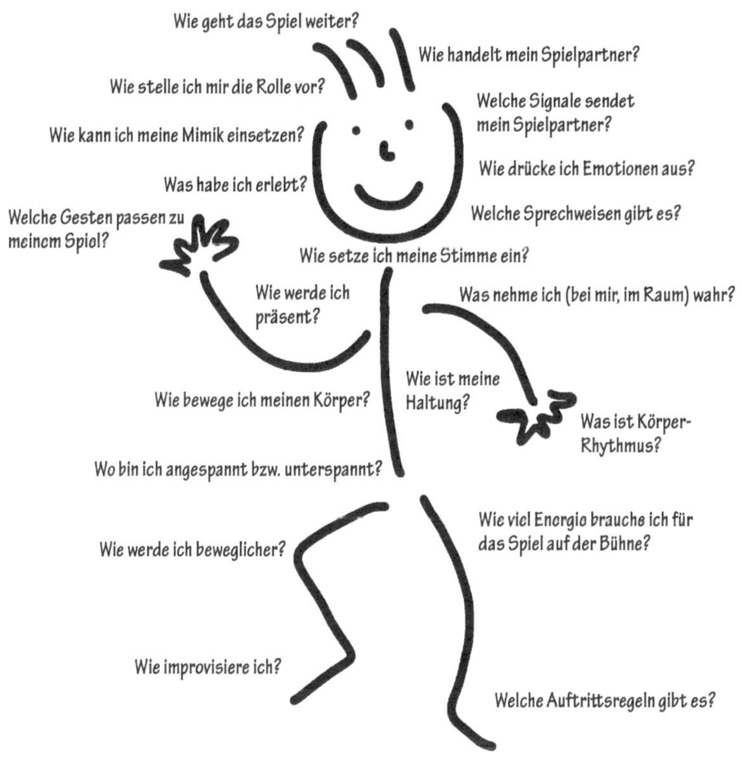

Theater spielen, darüber reden und wieder spielen oder Theater sehen, darüber reden und selber spielen – das sind die Grundlagen des theaterpädagogischen Probens. Auf der Suche nach einer eigenen Ausdrucksform, die sich nicht durch schauspielerische Perfektion auszeichnet, sondern sich aus dem Moment der gemeinsamen Erfahrung und der Freude am Theatermachen entwickelt, wird experimentiert, gestaltet, dargestellt und diskutiert. Über das Theaterspielen können die Spieler individuelle, soziale, kulturelle, künstlerische Lernerfahrungen machen, die eine Weiterentwicklung von persönlichen und beruflichen Kompetenzen ermöglichen. Diese Chance erfüllt sich aber nur, wenn Anforderung, Bereitschaft und Rahmenbedingungen im richtigen Maße zusammentreffen und auch der Spieler selbst das Theaterspielen für sich als Gelegenheit zur Weiterentwicklung begreift. Die neuen Erfahrungen, die im Theaterspiel gewonnen werden, können eine heilende Wirkung entfalten, dennoch grenzt sich die Theaterpädagogik von jeglicher Form therapeutischer Verfahren ab. Hier beginnt vielmehr das Berufsfeld der Theater- und Dramatherapeuten.

Für die Teilnehmer eines Theaterworkshops gelten häufig das Schlüpfen in eine andere Rolle und die Abschlusspräsentation als Ziele der Probenarbeit. Um diese gemeinsam zu erreichen, müssen folgende *Teilziele* vorher erfüllt werden:

- Eine *Arbeitsatmosphäre* herstellen: Respekt und Vertrauen aufbauen, Spielvereinbarungen und Regeln aushandeln, Offenheit und Toleranz auch gegenüber einem anderen Theatergeschmack üben.
- Aus dem Einzelnen wird eine *Gruppe*: Aktivität des Einzelnen für das gemeinsame Ziel, Entwicklung eines Wir-Gefühls, Verantwortung übernehmen.
- Einen gemeinsamen *Inhalt finden*: Welches Thema ist für alle in der Gruppe interessant? Wie wird es gestaltet?
- *Theaterspielen lernen*: Vermittlung von Grundlagen des Theaterspiels, Bewusstsein für Körper, Bewegung, Rhythmus, Stimme, Sprache.
- Eine *ästhetische Wahrnehmung* entwickeln: Kennenlernen von szenischen Verfahren und Theatermitteln, ein Bewusstsein für Symbolik und Wirkung herstellen, die Gesetzmäßigkeiten der Bühne kennenlernen.

Der theaterpädagogische Aktionsraum

Ein theaterpädagogischer Arbeitsprozess lässt sich gut mit dem Bild einer Schiffsreise beschreiben: Der Theaterpädagoge geht mit den Spielern auf eine Entdeckungsreise in die Welt des Theaters. Er begleitet sie wie der Steuermann eines Schiffs durch die Untiefen der ersten Spielerfahrung und hilft ihnen, zu einer starken Crew zu werden, die selbst den Weg in den Hafen der Aufführung findet. In der Verantwortung des Theaterpädagogen liegt:

- das *Initiieren* von künstlerischen Prozessen mit Spielangeboten, Methodenvorgaben und Impulsen,
- die Spieler dabei zu *unterstützen*, ihre Ideen und Wünsche im Rahmen ihrer Fähigkeiten szenisch umzusetzen,
- je nach Situation eine enge Führung (Vorgaben setzen/in den Pro-

zess eingreifen) oder eine sanfte Begleitung (vermitteln/sich bewusst aus dem Prozess heraushalten) anzubieten,

- ein differenziertes und konstruktives *Feedback* zur Weiterentwicklung der spielerischen Kompetenzen zu geben,
- das Wichtigste aus dem gesammelten Material zu filtern und zu einem Bühnenstück mit Schauwert zusammenzubauen.

Dabei agiert er in einem Spannungsfeld – dem *theaterpädagogischen Aktionsraum*: Hier wirken unterschiedliche Kräfte aufeinander ein und beeinflussen sich gegenseitig. Die Arbeit des Theaterpädagogen gelingt, wenn er eine *Balance* zwischen den Bedürfnissen, Interessen und Erwartungen der Beteiligten, den Dynamiken in der Gruppe, den inhaltlichen und strukturellen Bedingungen des Projekts findet und im Prozess des Probens, des Experimentierens und Inszenierens nicht das Ziel aus den Augen verliert. In seinen Entscheidungen berücksichtigt der Theaterpädagoge stets diese Zusammenhänge und wägt die Konsequenzen seiner Handlungen auf die unterschiedlichen Bereiche ab.

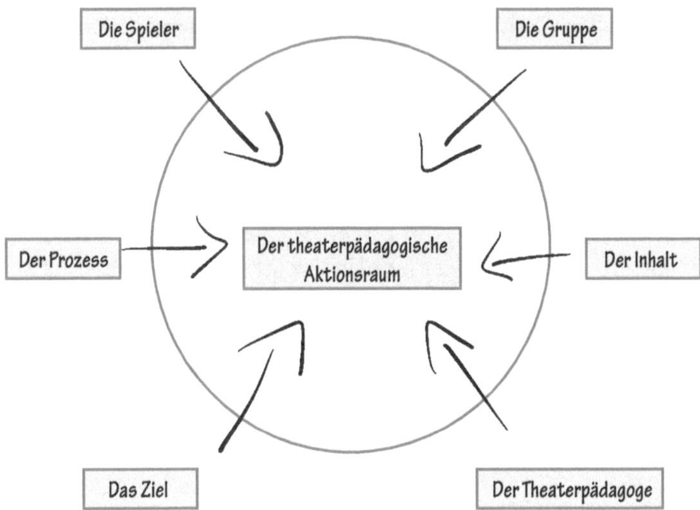

Begleiter und Herausforderer ... – wer ist der Theaterpädagoge?

Der Theaterpädagoge arbeitet mit den Spielern an Deck, gibt Impulse und behält die Route im Blick. Er vermittelt bei Streit und sorgt für die gute Stimmung unter Deck. Die Baupläne des Schiffs hat er im Kopf und kennt sich auch mit schwierigen Manövern aus. Er achtet auf die Witterung, die Strömungen und alle Einflüsse von außen. Mögliche Häfen hat er ausgekundschaftet und die Ankunft des Schiffs schon geplant. Er sieht sich als Dialogpartner, der die Ideen und Bedürfnisse der Spieler in den Vordergrund rückt und sich von ihren Impulsen leiten lässt. Er versteht sein Konzept als eine Möglichkeit, sich zusammen mit anderen auf eine Reise zu begeben und die Fähigkeiten und Stärken des Einzelnen herauszuarbeiten – und sie mit denen der Mitspieler und seinen eigenen zu verbinden. Um nicht vom Kurs abzukommen, schlüpft er im Verlauf der Reise immer wieder in verschiedene Rollen, die im Folgenden erläutert werden:

Forscher – Erfinder – Entdecker

In diesen Rollen fördert der Theaterpädagoge in den Spielern die Experimentierfreude und das Einnehmen einer forschenden und reflexiven Haltung. An einfache Spiele und vertraute Handlungen können sie schnell anknüpfen. Komplexere Übungen und Methoden zeigen ihnen die Bandbreite an Spielmöglichkeiten des Theaters auf. Sie regen die Spieler an, selbst aktiv zu werden und eigene Wege zu gehen. Der Theaterpädagoge agiert in einem Wechselspiel aus Aktivität und Passivität. Mit seiner Neugier und Unverzagtheit motiviert er die Spieler. Sein Mut, die Kontrolle abgeben zu können, sich zurückzunehmen und das Ergebnis freudig zu erwarten, ist Vertrauensbeweis und Anreiz zugleich. Gemeinsam machen sich alle auf die Suche nach dem Besonderen – der Leichtigkeit im Theaterspiel des Einzelnen, im Zusammenspiel der Gruppe und in der Entwicklung eines Theaterstücks.

Anstifter – Unterstützer – Herausforderer

Fordernd, aber nicht überfordernd, bietet der Theaterpädagoge den Teilnehmern einen Spiel- und Experimentierrahmen: Anfänger und unsichere Spieler finden in diesem Unterstützung, ihre Ängste und negative Glaubenssätze wie »Das kann ich nicht!« über Bord zu werfen.

Der Theaterpädagoge nimmt sie an die Hand und begleitet sie mit einfachen Spielvorschlägen, leichten Handlungsanweisungen oder fantasieanregenden Fragen bei ihren ersten Spielversuchen. Wenn sie die nötige Sicherheit haben und selbst Ideen entwickeln und einbringen, dann nimmt er sich wieder zurück. Gleichzeitig achtet der Theaterpädagoge aufmerksam darauf, nicht zu viel Sicherheit zu bieten und keine überhöhten Vorsichtsmaßnahmen zu treffen. Sonst können Erwartungen und Versorgungsbedürfnisse entstehen, die sich oft in Aussagen wie »Sag du uns, was wir machen sollen!« widerspiegeln.

Für erfahrene Spieler kann mit einer neuen Theatertechnik, einer komplexen Aufgabe oder Übung eine neue Situation geschaffen werden. Die Spieler wollen nicht im Gefühl der Unfähigkeit verharren, sondern entwickeln den Ehrgeiz, die Anforderung zu bewältigen. Die Herausforderung muss wohl dosiert und zeitlich passend eingesetzt werden, damit sie ihre volle Wirkung entfalten kann.

Begleiter – Berater – Anwalt

Der Theaterpädagoge agiert als Begleiter der Spieler. Er ist im theaterpädagogischen Aktionsraum eine zuverlässige Konstante und unterstützt die Reise. Er gibt Impulse, überlässt den Spielern die Bühne und ermutigt sie, selbst zu Gestaltern zu werden. Beratend steht er in künstlerischen Diskussionen zur Seite und regt Auseinandersetzungen über Wahrnehmungen und Wirkungen an. Er zeigt auf, welche Wege die Gruppe gehen kann, und leitet Entscheidungen in eine produktive Richtung. Der Konsens der Gruppe kann dabei konträr zu seinem eigenen Theatergeschmack stehen. Entstehen aufgrund von Gegensätzen in der Gruppe Konflikte, dann hilft er, das Problem zu erkennen, zu akzeptieren und gemeinsam eine Lösung dafür zu suchen. In Klärungsprozessen argumentiert er für die Parteien, die sich nicht selbst vertreten können, wie zum Beispiel für die Zuschauer.

Spielverderber – Kontrahent – Grenzwache

Auf dem Weg zum Hafen geht es nicht darum, die leichteste und einfachste Route zu finden, sondern die Richtung mit dem meisten Potenzial. Dafür kann ein Kurswechsel sinnvoll sein, den die Crew vielleicht im ersten Moment nicht nachvollziehen kann. So wird der Theaterpädagoge in ihren Augen zum Spielverderber, wenn er Abläufe umwirft oder Szenenergebnisse in Frage stellt. Er stört das ruhige Fahrwasser der Gruppe, die es sich gerade auf dem Schiff gemütlich gemacht hatte. Oft sind diese Anstöße provokant formuliert. Die Spieler können darauf mit heftigen Vorwürfen reagieren wie »Was soll das denn jetzt, es war doch alles gut so!«.

Erst im Rückblick wird der Gruppe deutlich, welche Auswirkung der Kurswechsel auf den Prozess, das Ergebnis und ihr eigenes Entwicklungspotenzial hatte. Trotz seiner neutralen und beratenden Rolle nimmt der Theaterpädagoge in solchen Konfliktsituationen den Streit an und signalisiert den Spielern damit, dass er sie und ihre Anliegen ernst nimmt. Der Theaterpädagoge trägt die Verantwortung für sein eigenes und das Wohl der Gruppe. Er greift ein, wenn Teilnehmer untereinander die persönlichen Grenzen missachten oder auch ihn selbst unverhältnismäßig angreifen. Dann bezieht er Position und zeigt Konsequenzen auf. Möglicherweise kann ein Konflikt auch dazu führen, dass ein Spieler vorzeitig die Reise beenden und das Schiff verlassen muss.

Der theaterpädagogische Werkzeugkoffer

Der Theaterpädagoge besitzt einen umfangreichen theaterpädagogischen Handwerkskoffer, der für jede Reise neu gepackt wird. Er handelt ganz im Moment und setzt sein Werkzeug so ein, dass es den Fähigkeiten und Bedürfnissen der Spieler entspricht. Er macht Übungen und Methoden einfacher oder komplexer, verändert deren Variablen oder passt sie ans Thema an. Passend zu den Bedürfnissen und Fähigkeiten der Crew, den Anforderungen der Reiseroute und dem Zielhafen, wird das Gepäck sortiert und ausgestattet. Erwartet den Theaterpädagogen eine Gruppe bestehend aus Spielanfängern, dann finden sich im Koffer andere Spiele als im Koffer einer Gruppe, die sich schon kennt.

Obwohl sich in jedem Koffer ähnliche Techniken, Übungen und Theatermethoden befinden, verwendet sie jeder Theaterpädagoge mit einem individuellen Profil. Seine Erfahrungen, Theatervorlieben und auch seine Persönlichkeit sind dafür ausschlaggebend: Auf dieser Grundlage verknüpft er Spiele und Angebote, macht szenische Vorschläge oder gibt Richtungen vor. Mit jeder neuen (Projekt-)Erfahrung entwickelt sich sein Wissen über die eigenen Fähigkeiten, Werte, Überzeugungen, seinen Theatergeschmack, aber auch über seine Ängste, zu einem professionellen theaterpädagogischen Handeln weiter. Mit diesem Bewusstsein kann er seine Handlungen und Impulse planen, begründen und später reflektieren. Werfen wir einen Blick in den Werkzeugkoffer – die Schatztruhe jedes Theaterpädagogen:

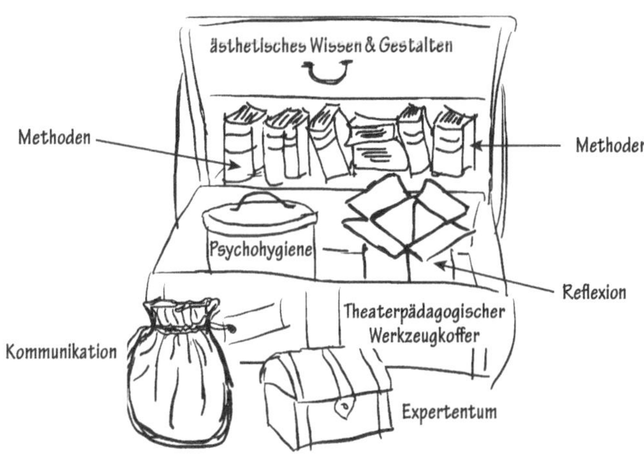

Das Fach für Methoden

Darin befinden sich Techniken für die Vermittlung von schauspielerischen Fähigkeiten und eine Vielzahl an gruppendynamischen Übungen. Auch liegt darin das didaktische Wissen, welche Spiele in welcher Situation angemessen sind, wie sie für die jeweilige Zielgruppe verändert und wie sie richtig angeleitet werden müssen. Die Kenntnisse für den Aufbau einer Probe (der theaterpädagogischen Einheit), die Gestaltung eines Theaterprojekts oder Workshops sind hier verborgen.

➤ Im Kapitel »Nicht reden, machen!«, S. 24, wird die theaterpädagogische Methodik genauer untersucht.

Die Schublade für ästhetisches Gestalten und dramaturgisches Wissen

Direkt neben dem Methodenfach finden sich die gestalterischen Fertigkeiten und Inszenierungstechniken. Sie sind verbunden mit den dramaturgischen Kompetenzen, wie zum Beispiel ein Spannungsbogen erzeugt wird oder die Entwicklung von Figuren gestaltet werden kann. Hier liegen die Kenntnisse über Theaterstücke, literarische Vorlagen und zielgruppenorientierte Themen. In dieser Schublade lagert auch das theatertheoretische Wissen über die verschiedenen Künstlertheorien, Theaterformen und -formate. ➤ Weitere Anregungen zu diesen Themen in der Literaturliste im Anhang, S. 136.

Der Beutel der Kommunikation

Zu den kommunikativen Fähigkeiten des Theaterpädagogen gehören:

- Spiele, Übungen und Methoden (in der passenden Sprache für die jeweilige Zielgruppe) anzuleiten,
- spielerische Prozesse zu steuern und zu lenken,
- gestaltende Impulse (Angebote) und ästhetische Wirkungen zu erläutern,
- die Kunst des Fragens zu beherrschen,
- Feedback zu geben und anzunehmen,
- Reflexionen anzustoßen,
- und auch Diskussionen prozess- oder lösungsorientiert zu moderieren.

Dieser Beutel wird vom Theaterpädagogen auch gern zusammen mit dem Methodenfach oder der dramaturgisch-ästhetischen Schublade hervorgeholt. ➤ Im Kapitel »Spielmaterial«, S. 70, wird auf die Anleitung von Übungen und die Auswertung von Szenen eingegangen.

Die Dose der Psychohygiene

Der Theaterpädagoge kann viel Energie aus der kreativen Arbeit mit seinen Spielern mitnehmen. Sie bereichert und berauscht, aber das Leiten von Gruppen zehrt auch an den eigenen Kräften.

Es ist wichtig, die eigenen physischen und psychischen Grenzen zu kennen, zu respektieren und für sich selbst Sorge zu tragen. Manchmal hilft ein freies Wochenende, um Abstand zur Arbeit zu bekommen. Je nach Situation ist ein Austausch mit Kollegen über schwierige Ereignisse oder sogar eine Supervision unter professioneller Anleitung sinnvoll.

Die (Schatz-)Kiste des Expertentums

Neben dem technischen Wissen zu Licht- und Tontechnik, dem Nähen von Kostümen, dem Schminken und dem Bühnenbau finden sich in dieser Kiste außerdem die individuellen Schätze des Theaterpädagogen: zum Beispiel das Wissen und die Fertigkeiten in verschiedenen künstlerischen Techniken (Maskenbau und -spiel, Clownerie, Tanz und Choreografie, Medientechnik), in pädagogischen Methoden (Erlebnispädagogik, Mediation, Coaching) und durch therapeutische Weiterbildungen (Theater-, Verhaltens- oder systemische Therapie).

Die Box der Reflexion

Die Reflexionsfragen befinden sich in einer offenen Box, so dass der Theaterpädagoge jederzeit leicht auf sie zugreifen kann. Er setzt sie ein, wenn er den Prozess, die Erfahrungen mit der Gruppe und die kreativen Ergebnisse auswertet. Manchmal wird auch schnell zwischendurch ein Blick darauf geworfen. Es gibt verschiedene Kategorien von Reflexionsfragen, je nachdem, an wen sie sich richten:

Fragen zu den Teilnehmern:

- Gibt es eine freiwillige Absichtserklärung zum gemeinsamen Theaterspielen?
- Welche Strukturen und äußeren Rahmenbedingungen beeinflussen die Teilnehmer?
- Welche Vorgaben können dem Einzelnen Mut machen oder ihn ausbremsen?
- Welche Vorerfahrungen bringt der Teilnehmer mit, und welche Erwartungen werden damit verknüpft?
- Wer braucht besondere Beachtung?
- Wer braucht Unterstützung oder wird besser in Ruhe gelassen?
- Welche Rollen und Positionen werden deutlich?
- Auf welche Impulse spricht wer wie an?
- Wo zeigen sich Talente oder erste Facetten der Spielerpersönlichkeit?
- Wo kommt es zu Rollenübertragungen? Wird der Theaterpädagoge z. B. mit einem Lehrer verglichen?

Fragen zur Gruppe:

- Welchen Eindruck hinterlässt die Gruppe bei mir?
- Welche Energien und Stimmungen nehme ich wahr?
- Welche Interaktionen und Themen sind zu erkennen?
- Welche Entwicklungen und Dynamiken erkenne ich?
- Wen muss ich unterstützen oder in Ruhe lassen?

- Was wiederholt sich? Sollte ich intervenieren oder ignorieren?
- Was schlummert im Verborgenen? Was sehe und höre ich nicht?
- Was braucht die Gruppe? Freiraum oder Vorgaben?
- Welche Konflikte kündigen sich an?
- Welche Konflikte spreche ich an? Welche lassen sich nicht im Rahmen des Theaterprojekts klären?
- Gibt es Tabus? Wie gehe ich damit um?

Fragen zum Theaterspiel:
- Welche Methoden, Techniken und Übungen werden gebraucht, um das Ziel zu erreichen?
- Wo zeigen sich die gewünschte »Leichtigkeit« im Spiel oder andere Qualitäten?
- Welche Ergebnisse und Ideen wurden bereits entwickelt?
- Welche Themen lassen sich vertiefen oder welche Szenen wiederholen?
- Welche Übungen müssen verändert, intensiviert oder komplexer gemacht werden?
- Wie viel gebe ich vor, und was bleibt offen?

Fragen zum Prozess:
- Wie entwickelt sich die Reise?
- Wie gestalte ich den Kontext?
- Was beeinflusst den Prozess?
- Wo ist der rote Faden?
- Was braucht besondere Beachtung?
- Welche Unvorhersehbarkeiten können auftreten?
- Was kündigt sich an?
- Mit welchen Widersprüchen, Gegensätzen oder welchem Chaos muss ich rechnen?
- Welche Kursänderung muss ich vornehmen?
- Was wiederholt sich?
- Wo sind Grenzen?

Fragen zum Ziel:
- Wann ist es Zeit, Kurs auf den Hafen zu nehmen?
- Welche Erwartungen werden damit verknüpft?
- Was bringt uns dem Ziel entgegen?

- Ist es noch das Anfangsziel?
- Ist eine Kursänderung notwendig?
- Wie kann der neue Hafen aussehen?
- Welche Vorbereitungen sind notwendig?

Fragen zu meinen eigenen Motiven:

- Was ist mein stärkstes Gefühl nach der Probe?
- Wann habe ich Spaß?
- Was motiviert mich? Ist es das Thema, die Methode, das Ergebnis oder die Arbeit mit der Zielgruppe? Oder lockt das Prestige oder das Geld?
- Wie ist meine Energie?
- Wo brauche ich Unterstützung?
- Welche Verbindungen habe ich zu den Einzelnen und zur Gruppe?
- Wofür ergreife ich Partei? Wo bleibe ich neutral?
- Was reflektiere ich mit wem?
- Wie gehe ich mit Erwartungen oder Übertragungen um?
- Welche Erwartungen oder Befürchtungen habe ich? Bin ich euphorisch, weil ich endlich eine Anfrage für ein Theaterprojekt bekommen habe, und sehe nicht die Grenzen des Projekts? Oder bin ich unsicher, weil ich mit der Zielgruppe wenig Erfahrung habe?
- Welche Lernfelder und Entwicklungsmöglichkeiten gibt es für mich?
- Ergeben sich aus dem Projekt positive Nebeneffekte? Erweitert sich z. B. mein Netzwerk, weil ich neue Menschen kennenlerne?

Über die Schulter geschaut: Als Leitung bin ich eine Projektionsfläche für positive und negative Erfahrungen. Die Spieler vergleichen meine Handlungen mit Erlebnissen aus anderen Kontexten und verknüpfen sie mit ihren Erwartungen und Bedürfnissen. Das kann zu Übertragungen führen. Die Spieler sehen dann in mir zum Beispiel den »allwissenden Künstler«, den »strengen Regisseur« oder den »urteilenden Lehrer«. Ich reagiere ganz unterschiedlich auf diese Situation: Sobald es sich negativ auf die Zusammenarbeit auswirkt, muss es thematisiert werden. Manchmal ignoriere ich auch das Verhalten, manchmal nehme es mit Humor, manchmal setze ich es auch zu meinem Vorteil in der Arbeit ein.

»Nicht reden, machen!« – wie leite ich Theatergruppen an?

In der Anleitung der Übungen achtet der Theaterpädagoge auf klare, präzise und zielgruppenorientierte Formulierungen. Denn komplexe Anweisungen oder auch Theaterfachbegriffe (z.B. »Fokus«, »Haltung«, »nicht privat auf der Bühne sein«) können die Spieler irritieren und verzögern den Einstieg in die praktische Arbeit. In der Anmoderation veranschaulicht der Theaterpädagoge seine Worte durch ein kurzes Anspielen oder indem er als erster mit der Aufgabe beginnt. Die Spieler bekommen auf diese Weise schneller eine Vorstellung davon, was gemeint ist, und können seine Worte leichter in Handlungen umsetzen. Je nach Übung wird nicht der ganze Ablauf am Anfang erklärt, sondern weitere Anweisungen erst im Spielverlauf gegeben. Unsicheren Spielern fällt der Einstieg ins Spiel mit Anmerkungen über die Zielsetzung der Übung leichter. Sie geben ihnen Orientierung und helfen, den inneren Kritiker (»Warum mache ich das eigentlich hier?«) zu besänftigen.

Der Spielfluss wird nicht unterbrochen, wenn der Theaterpädagoge durch gezielte (verbale oder körperliche) Impulse Übungen korrigiert, einfacher oder komplexer macht. Ebenso kann er darüber die Konzentration der Spieler fokussieren und das Spiel intensivieren. In der Körperhaltung und den Gesichtern der Spieler erkennt der Theaterpädagoge Begeisterung, Unsicherheit für oder auch Widerstände gegen das Spiel.

Gerade bei gruppendynamischen Übungen ist es wichtig, gemeinsam zu beginnen. Wenn die Teilnehmer schon mit den Übungen anfangen, ohne die Erklärungen bis zum Ende anzuhören, muss der Theaterpädagoge die Übung unterbrechen und die Aufmerksamkeit wieder bündeln. Bei Partnerübungen oder Einzelarbeit ist ein zeitversetzter Beginn möglich. Die Leitung kann zu den jeweiligen Personen gehen und ihre Fragen beantworten. Wenn alle die gleiche Frage haben, kann es sinnvoll sein, noch einmal für alle die Antwort zu geben und erneut zu starten. Manchmal sind Rückfragen aber auch Ablenkungsmanöver, um den Spielbeginn zu verzögern. Ursachen können Hemmungen, das Austesten von Grenzen oder Konflikte in der Gruppe sein. ➤ Mehr dazu im Kapitel »Achtung: Stürme und Piraten!«, S. 65.

Über die Schulter geschaut: Für den Start in den theaterpädagogischen Berufsalltag gilt die Regel: »Leite nur Spiele und Übungen an, die du selbst schon mitgemacht hast!« Das gibt dem Berufsanfänger die nötige Sicherheit für einen bewussten Einsatz von Methoden, ein Verständnis für Grenzen und für die Variationsmöglichkeiten von Übungen. Denn gerade im Verändern, Steigern und Variieren von Bekanntem festigt sich die Anleitungskompetenz, und es entwickelt sich ein eigener Leitungsstil.

Szenen anleiten

Es ist die Aufgabe des Theaterpädagogen, den Spielern eine Wahrnehmung von Wirkung, im Sinne der Gesetzmäßigkeiten der Bühne (Ausgewogenheit, Dynamik, Präsenz, Fokus, Gestaltung, Qualität, Akustik) zu vermitteln. Gerade Anfänger können die Konsequenz ihres Spiels für den Zuschauer noch nicht einschätzen. Während einer Probe wählt der Theaterpädagoge daher den passenden Impuls aus einer Spannbreite von einem offen formulierten Angebot nach dem Spiel (»Wie wäre es mit …?«) über kurze Zwischenrufe (»Bitte lauter sprechen!«) bis hin zu einer konkreten Unterbrechung der Szene. Auch ein unterstützender Lacher oder ein motivierender Kommentar kann dem Spieler auf der Bühne Sicherheit geben.

Je nach Spieler und Gruppe kann der Theaterpädagoge über seine Position im Raum Einfluss auf das Spiel nehmen. Manchmal ist es hilfreich, mit auf die Bühne zu treten und möglichst nah am Spieler zu sein, oder auch in Distanz zu gehen und sich mit den anderen in den Zuschauerraum zu setzen.

Unterbrechungen innerhalb des szenischen Spiels müssen sorgfältig eingesetzt und begründet sein, sonst hemmen und entmutigen sie die Teilnehmer. Sie liegen in der Verantwortung des Theaterpädagogen und sollten auch hier bleiben, denn schnell kann es zu Verwirrungen und Missverständnissen kommen. Nach dem Eingreifen sollte die Szene wiederholt oder die neue Idee direkt spielerisch ausprobiert werden. In der Rolle des aktiven Publikums bekommen die anderen

Spieler nicht nur Anregungen für ihr eigenes Spiel und stellen Bezüge zum gesamten Stück her, sondern entwickeln auch ein ästhetisches Verständnis und lernen, Qualitäten und Wirkungen von Theatermitteln zu erkennen.

Feedbackregeln

Angelehnt an die Kommunikationsstile von Friedemann Schulz von Thun verwende ich in der Arbeit folgende Feedbackregeln:

- akzeptierende Grundhaltung beim »Feedback geben und nehmen«,
- aktives Zuhören und den anderen ausreden lassen,
- Sätze mit »Ich« und nicht mit »Du« beginnen,
- Rückmeldung zeitnah geben,
- Inhalte dem Partner gegenüber verständlich und im Umfang angemessen formulieren,
- Beispiele beschreiben (nicht bewerten),
- Sätze nachvollziehbar und konkret formulieren (nicht allgemein),
- Unklarheiten benennen (keine Rechtfertigung),
- Wünsche formulieren (nicht über »richtig/falsch« oder »gut/schlecht« diskutieren).

Das Feedback zu szenischen Proben gestalten

Wenn die Spieler sich gegenseitig Rückmeldungen geben, sollte es immer nach dem gleichen Ritual ablaufen:

1) Eine Reihenfolge der zu präsentierenden Szenen wird festgelegt. Für Anfänger, die zuschauen, kann ein *Beobachtungsauftrag* hilfreich sein, um sich zu fokussieren. ➤ Mehr zum Beobachtungsauftrag auf S. 101.
2) Die erste Gruppe richtet für ihre Szene die Bühne ein.
3) Die Zuschauer werden leise und konzentrieren sich auf das Geschehen auf der Bühne (kein leises weiteres Besprechen der eigenen Szenen und kein Pausenverhalten).
4) Mit einem verbalen (Einzählen: »3, 2, 1, los!« oder »Licht an!«, »Vorhang auf!«) oder einem äußeren Impuls (Betätigen des Lichtschalters, Musik aus) oder einem körperlichen Impuls (Augen schließen und wieder öffnen, damit es losgeht, oder ein motivierender Applaus) wird das Spiel auf der Bühne eröffnet.
5) Die Vorstellung endet mit dem Abgang der Spieler oder im Freeze (in der Haltung einfrieren) und das Publikum applaudiert.

6) Eine detaillierte Rückmeldung kann direkt im Anschluss an das Spiel erfolgen. Ist es wichtig, einen Überblick zu bekommen, dann werden erst alle Szenen präsentiert, und danach wird das Feedback gegeben.
7) Für die Rückmeldung treten die Spieler an den Bühnenrand, setzen sich an die Bühnenrampe oder finden sich in Kleingruppen zusammen und besprechen die Ergebnisse im Sinne der Feedbackregeln.

Nach dem Vorspielen jeder Szene moderiert der Theaterpädagoge (oder ein Spieler in der Kleingruppe) die Auswertung. Folgende Struktur kann eine Anregung für die Gestaltung des Feedbacks sein:
a) Er befragt *zuerst die Spieler*, wie sie die Szene erlebt haben und was sie wahrgenommen haben: Welche besonderen Momente gab es und wo haben sie Schwierigkeiten oder Unsicherheiten erlebt? Durch (für die Zielgruppe passende) Fragen moderiert der Theaterpädagoge die Rückmeldung und stellt ein Bewusstsein zum Kontext des gesamten Stücks her.
b) *Nach den Spielern* geben die Zuschauer eine Rückmeldung. Im ersten Schritt können sie ihre Beobachtungen und Wahrnehmungen der Wirkung benennen. Sie werden angehalten, sich an die vorher vereinbarten Feedbackregeln zu halten. Ein direktes Feedback an einzelne Spieler sollte immer zuerst mit einer positiven Beobachtung beginnen. Danach folgen Ideen und Empfehlungen, die sich an konkreten Beispielen und Handlungsangeboten orientieren.
c) *Zum Schluss* ergänzt der Theaterpädagoge die Aussagen der Spieler um seine Wahrnehmung, entschärft oder veranschaulicht. Lösungsorientiert fasst er die Ergebnisse zusammen und kann daraus direkt einen neuen Spielauftrag formulieren.

Die Struktur einer theaterpädagogischen Einheit

Im folgenden Schaubild wird die Struktur einer theaterpädagogischen Einheit dargestellt und auf den folgenden Seiten näher erläutert. Es ist ein Schema, das alle Elemente, die in einer Probe vorkommen sollten, beschreibt: Die Inhalte (Rituale, Spiele, Übungen, Methoden) für diesen Ablauf werden passend zur Zielgruppe ausgewählt und orientieren sich an den verschiedenen Phasen des gesamten Theaterprojekts.

➤ Diese Projektphasen werden im Kapitel »›Wir sind auf Kurs!‹ – Der Ablauf eines theaterpädagogischen Projekts«, S. 51, erläutert.

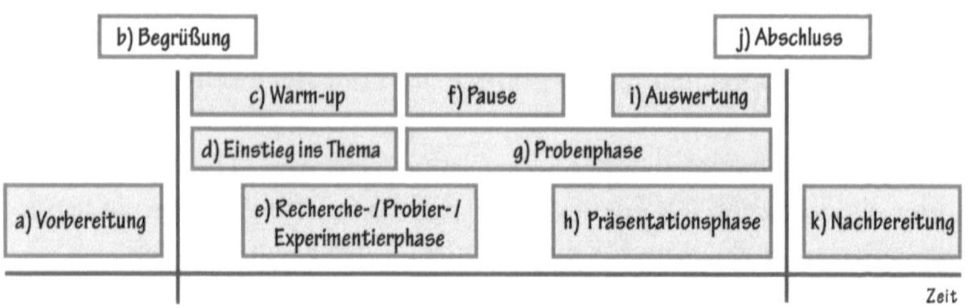

Struktur einer theaterpädagogischen Einheit

Zur **Vorbereitung (a)** einer Probe gehört: den Raum einrichten (lüften, einen Stuhlkreis stellen, Requisiten bereitlegen), die Technik (Musik und Licht) in Betrieb nehmen, kurze Absprachen mit den Unterstützern (Praktikanten, Mitarbeitern der Einrichtung oder den Klassenlehrern) und erste Gespräche mit den Ankommenden führen.

Zur **Begrüßung (b)** gibt der Theaterpädagoge einen Überblick zum Probenablauf und trifft mit den Teilnehmern organisatorische oder persönliche Absprachen (Pausenzeiten, wenn jemand früher gehen muss).

Das **Warm-up (c)** besteht aus verschiedenen Spielen, Übungen und Ritualen. In der Anfangsphase des Projekts ist es zeitlich noch umfangreicher als später in der Proben- und Inszenierungsphase. Ein WUP (Abkürzung: Warm-up) aktiviert nicht nur Körper und Geist, sondern initiiert auch das Kennenlernen, die Vertrauens- und Gruppenbildung. Es sensibilisiert die Sinneswahrnehmung, stärkt die Reaktionsfähigkeit und Koordination sowie den körperlichen und sprachlichen Ausdruck. Im Verlauf des Projekts stellt das WUP den spielerischen Einstieg in das Theaterstück oder in die Rollenarbeit her, die dem Anwärmen der Beziehungen untereinander dienen und die Spieler wieder in Kontakt bringen.

Der Einstieg ins **Thema (d)** kann fließend an das Warm-up anknüpfen. Im spielerischen Prozess können sich erste Szenenideen oder Übergänge zeigen. Die Arbeit an einem Theaterstück beginnt mit dem Lesen des Textes und ersten Improvisationsübungen. Bei einer Themenvorgabe wird meist zuerst das gefundene Material (Texte, Bilder, Musik) auf spannende Momente hin untersucht und weiterbearbeitet. Gibt es keine Vorgabe, gehen Spieler und Leitung mit Assoziationsspielen oder Brainstormings selbst auf die Suche. ➤ Mehr Informationen zur Recherche- und Experimentierphase finden Sie im Kapitel »Wir sind auf Kurs!« im gleichnamigen Abschnitt, S. 58. Im weiteren Probenverlauf kann diese Phase dafür genutzt werden, gemeinsam Ziele für die gegenwärtige Probe festzulegen: »Welchen Schwerpunkt wollen wir heute untersuchen?« Oder: »Woran arbeiten wir heute weiter?«

In den ersten Proben braucht die **Experimentierphase (e)** noch viel Zeit. Die Spieler erproben kreative Elemente und Ideen. Je mehr Szenenmaterial entwickelt wird, desto mehr verschiebt sich der zeitliche Umfang hin zum Proben der Szenen.

Eine **Pause (f)** ist ein Ordnungselement und strukturiert den Ablauf. Sie kann intuitiv gesetzt werden, wenn die Energie der Gruppe aufgetankt werden muss, oder sie wird vorher angekündigt (nach 90 Minuten Probe) und ist ein fester Orientierungspunkt im Ablauf. Eine Pause gibt die Möglichkeit, Luft zu holen, tief durchzuatmen und wieder Kraft zu schöpfen. Sie kann auch Einfluss auf die Gruppendynamik und den kreativen Prozess nehmen. So können sich die Gemüter in der Pause beruhigen und Auswege aus kreativen Sackgassen in oder nach einer Pause leichter gefunden werden.

In der Gesamtgruppe oder in Kleingruppen werden in der **Probenphase (g)** Szenen entwickelt, wiederholt, verbessert und mit Übergängen zu einem Theaterstück zusammengebaut.

In der **Präsentationsphase (h)** zeigen sich die Kleingruppen gegenseitig ihre Entwicklungs- und Probenergebnisse. Eine Wiederholung aller erarbeiteten Ergebnisse am Ende einer Probeneinheit lässt das Gefühl für das Gesamtwerk wachsen. Kurze Feedbackphasen zwischen den Präsentationen erleichtern die Auswertung und unterstützen die Weiterentwicklung.

In der **Auswertung (i)** wird der Probenprozess reflektiert. Je nach Projektphase kann der Schwerpunkt zum Beispiel auf den neuen Erfahrungen, dem Inhalt oder der Zusammenarbeit in der Gruppe liegen: »Hat noch jemand eine Rückmeldung zur heutigen Probe?« Oder: »Welche Erfahrungen aus der Probe nimmst du heute mit?« Manchmal sucht ein Spieler nach der Probe noch das Gespräch, andere brechen direkt auf.

Zum **Abschluss (j)** wird gemeinsam aufgeräumt. Ein gemeinsames Ritual (ein Abschlussspiel, eine Musik oder das Singen eines Liedes) kann die Probe beenden.

In der **Nachbereitung (k)** dokumentiert der Theaterpädagoge die Szenenergebnisse des Tages sowie die neuen Ideen für die nächste Probe. Nach der Probe können Absprachen mit den Unterstützern oder dem Auftraggeber anstehen und Telefonate mit Teilnehmern, die zur Probe nicht erschienen sind.

Die Dauer und Länge des Warm-ups und der einzelnen Übungen oder Phasen in der Einheit sind von der Gesamtdauer der Probe, der Projektphase, der Anzahl der Teilnehmer, der Stimmung oder den Einflüssen von außen abhängig (Alltagsstress, Störungen, Konflikte).

Die theaterpädagogische Inszenierung

Neben Methoden, Übungen und Spielen findet sich im Werkzeugkoffer des Theaterpädagogen das Wissen über die verschiedenen Möglichkeiten, ein Theaterstück mit Gruppen zu entwickeln. Um dieses Ziel zu erreichen, kann der Theaterpädagoge als Beispiel einen der folgenden Wege einschlagen:

- die Entwicklung einer *Eigenproduktion*: gemeinsam mit der Gruppe entwickelt er ein eigenes Theaterstück oder eine Szenencollage,
- die *Adaption* eines Theaterstücks: eine Textvorlage wird bearbeitet und gemeinsam mit der Gruppe zu etwas Eigenem neu zusammengebaut,
- die Auseinandersetzung mit einer *Theatertechnik*.

Dabei schöpft der Theaterpädagoge aus einer Vielfalt an gestalterischen Mitteln. Diese sind zum Beispiel:

- *Spielweisen*: nonverbal/körperbetont, mit Sprache (chorisch, Monolog, Dialog, Töne), angelehnt an ein Genre, performativ
- *Inszenierungsformen*: naturalistisch, klassisch, episch, postdramatisch
- *ästhetische Mittel*: Brüche, Steigerung, Verdichtung, Überhöhung, Verfremdung
- *Textvorlagen*: Theaterstück, Geschichte (auch selbstgeschrieben), Gedicht, Märchen, Liedtexte
- *Themen*: Freiheit, Liebe, Heimat, Zeitgeschichte, Fragen
- *Figuren*: eine selbstentwickelte oder historische Figur, eine Figur aus einer Vorlage (aus einem Theaterstück, einer Geschichte oder einem Buch)
- *Orte*: fiktiv oder im öffentlichen Raum
- *ästhetische Symbole*: Requisiten (Koffer, Stühle, Mäntel, Taschen), Kostüme, Elemente (Kisten, Stoffe, Stöcke, Seile)
- *Musik*: Lieblingslieder der Spieler, Hits aus einer bestimmten Zeit oder Musikrichtung, Tonaufnahmen, Livemusik auf der Bühne
- *biografische Geschichten*: persönliche Erlebnisse, gemeinsame Erfahrungen der Zielgruppe
- *Bühnenbild*: erhöhte oder zentrale Positionen, Podeste, Wände, Vorhänge, Einsatz von Video, Dia- oder Overheadprojektoren

In der Vielfalt der Inszenierungsmöglichkeiten könnte jeder Weg mit seinen theatralen Mitteln ein eigenes Methodenbuch füllen. Die folgende Auflistung von Herangehensweisen zur Inszenierung ist als Orientierung gedacht. ➤ Viele Anregungen dazu befinden sich im Anhang in den Literaturempfehlungen ab S. 136.

Die Eigenproduktion – eine Szenencollage entwickeln

Eine Szenencollage erzählt keine zusammenhängende, aufeinander folgende Geschichte, wie zum Beispiel in einem klassischen Theaterstück nach Aristoteles, sondern ein Thema oder eine Ausgangsfrage wird in seiner Vielfalt und mit einem großen Facettenreichtum an Theatermitteln dargestellt. Der inhaltliche Zusammenhang ist für den Zuschauer eher assoziativ als einer klassischen linearen Dramaturgie folgend. Man bezeichnet diese Formen auch als »offene Dramaturgien«, die sich mit einem Puzzle vergleichen lassen. Im Kopf des Zuschauers fügen sich einzelne Ideen, Szenen und Materialien Teilchen für Teilchen zu einem Gesamtbild zusammen. Die Elemente können für sich stehen oder in einer Rahmenhandlung (wiederkehrende Elemente, ein gemeinsamer Ort, eine verbindende Geschichte oder Musik) eingebunden sein. Die Szenen können nach Form, Dynamik, Intensität, Ästhetik, durch ein Wechselspiel oder auch einem sinnvollen Aufbau folgend zusammengebaut werden.

Eine Szenencollage lässt sich mit jeder Gruppengröße und Spieleranzahl umsetzen – besonders geeignet ist sie für große Gruppen. Häufig wechseln sich kurze Dialoge mit Textflächen, nonverbalen Bewegungsaktionen oder Monologen ab. Die Spieler können in unterschiedliche Rollen schlüpfen und den Facettenreichtum eines Themas entdecken. Gerne werden auch Elemente aus dem Tanztheater oder dem chorischen Theater eingebaut. Eine Szenencollage benötigt keine klassische Bühne: Spielideen, die durch alternative Aufführungsorte (Foyer, Turnhalle, Kellerraum, Treppenhaus) entstehen, können in die Materialsammlung einfließen. Fällt ein Spieler aus oder kann er nicht mehr an den Proben teilnehmen, dann kann die Gruppe seine Szenen und Rolle leichter ersetzen oder der Part kann ausgespart werden, ohne dass es das gesamte Ergebnis beeinflusst. Hier einige Ideen für die Entwicklung einer Szenencollage:

- Am Anfang werden *Schwerpunkte* für die Bearbeitung des Themas festgelegt oder Forschungsfragen formuliert.
- *Kreativitätstechniken*, wie Brainstorming, Mindmap, Collagen oder Wandtapeten, erleichtern den Einstieg in die Arbeit.
- Es folgt die *Materialsammlung*: Aus der spielerischen Improvisation entstehen Szenen, eigene Texte werden geschrieben, Choreografien entwickelt und Musik ausgewählt. Die Ergebnisse werden dokumentiert und schriftlich festgehalten. Mit einer Videokamera können Szenen auch filmisch festgehalten werden.
- In der *Inszenierungsphase* wird das gesammelte Material gesichtet, gute Ideen ausgewählt und zusammengebaut. Innerhalb einer Rahmenhandlung werden Szenenanfänge und -enden angepasst und mit Übergangselementen verbunden. Es kann ein gleiches Musikstück sein, das am Anfang, zwischen den Szenen und am Ende eingespielt wird, oder ein Monolog, der am Bühnenrand gesprochen wird, während im Hintergrund der Umbau passiert. Auch eine Bewegungs-

choreografie in der Gruppe (ein Raumlauf, ein Tanz), eine Figur, die am Anfang, zwischen Szenen und am Ende zum Publikum spricht, oder eine Geschichte, deren Verlauf dem Zuschauer vertraut ist (ein Märchen, eine Legende, ein zeitgeschichtliches Erlebnis), kann eine Verbindung zwischen den Szenen schaffen.

Über die Schulter geschaut: Wenn in einer Szenencollage viele Handlungen und wechselnde Situationen vorkommen, dann kann ein opulentes Bühnenbild den Spielfluss der Spieler behindern. Leichter ist es für die Spieler, auf einer leeren Bühne mit einfachen Elementen (Stühle, Hocker, Kissen) zu agieren. Ein detaillierter Ablaufplan (Szene für Szene auf ein Flipchart geschrieben) kann wie ein Fahrplan zur Orientierungshilfe für die Spieler werden.

»frei nach ...« – der kreative Umgang mit einer Stückvorlage

Bevor die Arbeit mit dem Text beginnt, geht der Theaterpädagoge, je nach gegebenem Projektzeitraum und der Zielgruppe, allein oder mit den Teilnehmern, auf die Suche nach einem Theaterstück. Die Auswahl orientiert sich an den Interessen der Teilnehmer, ihrem Alter (ihrer Reife) und ihrer Spielerfahrung.

Über die Schulter geschaut: Wenn Stücke oder Romane ausgewählt werden, deren Autoren schon länger als 70 Jahre tot sind, dann müssen keine Aufführungsrechte erworben werden. Der Kreativität sind dann keine Grenzen gesetzt: Szenen können adaptiert, umgestellt, Figuren gesplittet oder neue hinzugefügt werden. Denn leider gibt es in der Textvorlage für gewöhnlich nicht genügend oder auch nicht die passenden Rollen für alle. Handelt es sich aber um einen künstlerischen Text im Sinne des Urhebergesetzes (Sachtexte sind davon ausgeschlossen und frei, wenn die Quelle erwähnt wird), dessen Autor nicht so lange tot ist oder der noch lebt, ist die Bearbeitung nur rechtlich erlaubt, wenn es zwischen Rechteinhaber (Verlag oder Autor) und der Theatergruppe eine schriftliche Vereinbarung gibt. Ein normaler Aufführungsvertrag gestattet noch nicht die Bearbeitung. Lediglich Kürzen ist erlaubt, das Umstellen und Hinzufügen von eigenem Text aber nicht.

Die Spieler sollten einen guten Einblick in das Stück bekommen, bevor sie sich für eine Textvorlage entscheiden. Mit dem Lesen in verteilten

Rollen bekommen sie ein erstes Gefühl für den Inhalt. Wenn genügend Zeit ist, können mit dieser kreativen Bearbeitung des Textes auch Szenen in Standbildern dargestellt oder improvisiert werden. Bevor die Probenphase beginnt, wählt die Gruppe ein Theaterstück aus, das sie inhaltlich interessiert. Ein Abstimmungsverfahren kann dabei helfen. Im nächsten Schritt wird der Text gedanklich, körperlich und sinnlich durchdrungen (»Was sagt mir das Stück?«), Schwerpunkte herausgearbeitet, Aussageabsichten oder Fragestellungen an das Stück formuliert. Sie werden zum Leitmotiv der weiteren Probenarbeit. Die Spieler machen sich von den Stücken, die zur Auswahl stehen, die Vorlage zu eigen: Mit Improvisationen werden neue Szenen und Rollen entwickelt, andere Figuren gestrichen oder geteilt, Spielideen und Darstellungsformen werden ausprobiert (Handlungen, Rhythmus-, Emotionen-, Tempo- oder Genrewechsel).

In der Experimentierphase werden oft schon erste Ideen zur Bühnengestaltung, zu Requisiten und Kostümen sowie zu Musik und Technik gefunden. In der Probenphase kommen noch weitere dazu: Rollenfiguren werden angelegt und Szenen weiter ergänzt, verändert oder Elemente doch noch rausgestrichen. So entwickeln die Spieler nicht nur ein Verständnis für ihre Figur und das gesamte Stück, sondern lernen dadurch auch ihren Text. Natürlich kann nicht auf das Auswendiglernen zu Hause verzichtet werden. Sicherheit mit dem Sprechen des Textes bekommen die Spieler während des Agierens mit den anderen auf der Bühne. Wenn der Text in der Hand die Spieler einschränkt, dann kann es helfen, andere Spieler oder einen Unterstützer soufflieren zu lassen. Der Teilnehmer kann dann frei agieren und braucht die Worte nur nachzusprechen.

Über die Schulter geschaut: Ein (Theater-)Text gibt der Gruppe zwar Sicherheit und Orientierung, doch die Bindung an eine Struktur (Inhalt, Rollen, Handlung) und an eigene Erwartungen ist gerade für Laien schwer aufzulösen: »Aber das steht doch so hier!« Häufig haben die Teilnehmer klare Vorstellungen im Kopf und können dann nicht mehr spielerisch mit dem Text umgehen. Der Theaterpädagoge kann darauf reagieren, indem er einen Spielraum für Improvisation ins Stück einbaut. Übergangsszenen, Ergänzungen oder Veränderungen werden nur mit einer Zusammenfassung des Inhalts dokumentiert und lassen dem Spieler Freiraum, situativ zu entscheiden, was er spielt.

»Experte werden« – mit einer Theatertechnik zum Theaterstück

Es gibt viele verschiedene Theatertechniken, die nicht nur gern als Elemente in Eigenproduktionen eingebaut werden, sondern sich auch als Ausgangspunkt für die Entwicklung eines eigenen Theaterstücks eignen. Die folgende Auflistung ist nur beispielhaft und gibt eine Orientierung zu verschiedenen Ansätzen und Formen.

- Im Mittelpunkt des *Bewegungs- und Tanztheaters* steht die Auseinandersetzung mit den eigenen Möglichkeiten von körperlichem Ausdruck und Bewegung. Experimentelle Bewegungsformen werden erforscht, eigene Choreografien entwickelt und zu einem Theaterstück zusammengesetzt.
- Im *Biografischen Theater* wird ausgehend von der Lebensgeschichte der Teilnehmer ein eigenes Theaterstück entwickelt. Gemeinsame Erlebnisse der Gruppe oder auch individuelle Erfahrungen stehen im Mittelpunkt.
- Im *Figurentheater* agieren die Spieler zum Beispiel mit (selbstgebauten) Handpuppen, Handstabpuppen, Marionetten, Sockenpuppen und Objekten hinter einer Bühne oder in einem speziell dafür entwickelten Bühnenbild.
- Das *Forumtheater* ist eine Theaterform, die interaktiv mit dem Zuschauer arbeitet und von dem brasilianischen Theatermacher Augusto Boal entwickelt wurde. In der Aufführung spielen die Teilnehmer eine Szene vor, die in einem Konflikt endet. In der Wiederholung der Szene ist der Zuschauer eingeladen, auf die Bühne zu gehen, das Spiel zu beeinflussen und eine Lösung für das vorgestellte Problem zu finden.
- In *Impro-Theateraufführungen*, auch bekannt als Theatersport, treten auf der Bühne zwei Theaterteams gegeneinander an. Mit verschiedenen Improvisationsaufgaben und -spielen in unterschiedlichen Schwierigkeitsstufen müssen die Spieler ihren Ideenreichtum, ihre Spontaneität und Schlagfertigkeit unter Beweis stellen. Die Jury ist meist das Publikum, das sich mit der Vergabe von Punkten und dem Reinrufen von Spielideen einbringt.
- Zum *Maskentheater* gehört nicht nur das Erlernen des Spiels und der Bewegung mit einer Maske, sondern auch der Entwurf und Bau einer eigenen Maske (z. B. aus Ton, Gips oder Pappmaché).
- Im *Multimediatheater* werden mediale Ausdrucksformen mit dem Theaterspiel gekoppelt: Multimedia (Ton-, Aufnahme- und Projek-

tionstechniken), Smartphones, Internet und Computerspiele werden für die Entwicklung eines Stückes genutzt.

- Zum *Musiktheater* gehört die Verbindung von Theaterspiel und Musik. Seine Wurzeln liegen in der Oper, deshalb eignet es sich gut, um sich mit klassischer Musik auseinanderzusetzen – genauso aber können andere Musikstile verwendet werden.
- In der *Performance-Aktion* setzen sich die Akteure mit sich und ihrer Handlung in Raum, Zeit und der Beziehung zum Zuschauer auseinander. Im Mittelpunkt stehen Aktionen, Bewegungen und Prozesse. Die Akteure geben nicht etwas anderem Gestalt, sondern sich selbst.
- Das *Schattentheater* und *Schwarzlichttheater* sind zwei Theatertechniken, die sich mit den unterschiedlichen Einsatzmöglichkeiten von Lichtquellen beschäftigen. Im Schattentheater agieren die Spieler zwischen einer Lichtquelle und einer Stoffwand, auf der die Zuschauer nur den Schatten sehen. Dazu muss das zweidimensionale Spiel und das Agieren ohne Kontakt zum Zuschauer erlernt werden. Im Schwarzlichttheater bewegen sich die Spieler auf einer verdunkelten Bühne, die nur mit speziellen Schwarzlichtlampen beleuchtet wird. In diesem Licht erkennt der Zuschauer nur weiße oder neonfarbene Dinge, mit denen besondere Effekte erzeugt werden können.
- Ein Theaterstück kann auch aus *Zirkus*-Elementen (Clownerie, Zauberei oder Akrobatik) entwickelt werden.
- Mit dem *Szenischen Schreiben* bringen die Teilnehmer ein eigenes Theaterstück oder auch ein Hörspiel oder Drehbuch zu Papier. Im Schreiben von Stücken für das Theater können die Spieler einen eigenen Ausdruck finden. Anregungen bieten dafür auch die Methoden des »Kreativen Schreibens«. Die Ergebnisse können in einer (szenischen) Lesung auf die Bühne gebracht werden oder sind der Ausgangspunkt für das szenische Spiel.

»Mit Kompass und Karte« – Rahmenbedingungen und Checklisten für ein Theaterprojekt

Bevor das Schiff in See sticht und das Theaterprojekt beginnt, sind nicht nur die Vorbereitungen und Planungen wichtig, sondern auch die Klärung der *Rahmenbedingungen*. Dazu gehören:

- Die Offenheit und Bereitschaft der Teilnehmer, sich auf die Theaterarbeit einzulassen, und vonseiten des Theaterpädagogen eine inhaltliche Gestaltung, die zu den Bedürfnissen und Interessen der Gruppe passt.
- Eine wertschätzende Arbeitsatmosphäre, die auch durch den Träger des Projektes (durch den Veranstalter, die Institution, das Umfeld) unterstützt wird.
- Ein Konzept und eine Zielsetzung, die Freiräume für die gestalterische Entfaltung, das situative Entscheiden und kreatives Scheitern lassen.
- Ein Budget, das dem Projekt Gestaltungsspielraum ermöglicht und die fachliche Leistung des Theaterpädagogen angemessen entlohnt.
- Einen Zeitrahmen und (Theater-)Räumlichkeiten, die den Anforderungen des Projekts und der Teilnehmerzahl entsprechen.

Egal welchen Weg der Theaterpädagoge zu seinem Theaterprojekt einschlägt – ob er die freie Szene durch einen Theaterkurs beleben will, einen Theaterclub am Theater anbieten möchte oder ob er eine Anfrage für ein theaterpädagogisches Projekt bekommen hat –, bevor die Arbeit beginnt, muss er Auftraggeber überzeugen, Gelder beschaffen und Teilnehmer gewinnen – und das Konzept erarbeiten.

Damit die vielen verschiedenen Komponenten eines Projektes in den Planungen nicht aus den Augen verloren werden, helfen folgende Checklisten in der Vorbereitung, um den Überblick zu behalten.

Die Checkliste für die Beteiligten

In jedem Theaterprojekt kommen Menschen mit unterschiedlichen Interessen, Anliegen, Aufgaben und Funktionen zusammen, die nur konstruktiv und erfolgreich agieren können, wenn sich jeder seiner Rolle im Projekt bewusst ist. Dieses Zusammenspiel sollte der Theaterpädagoge, noch bevor das Projekt ausgeschrieben ist, genauer betrachten:

✓ Ich kenne die Teilnehmer
Die Teilnehmer von theaterpädagogischen Projekten müssen kein schauspielerisches Talent oder andere spezielle Voraussetzungen mitbringen. Dennoch wird eine bewusste oder unbewusste Vorauswahl durch den Ort, an dem das Projekt stattfindet, oder durch den Veranstalter, getroffen: Ein Theaterprojekt an einer Schule wendet sich an die Schülerschaft, in einem Unternehmen an die Mitarbeiter oder in einer sozialen (oder kulturellen) Einrichtung an deren Besucher. Jede Zielgruppe hat unterschiedliche Bedürfnisse und Erwartungen (Inhalt, Raum, Probenzeit), die in der Planung berücksichtigt werden müssen.

Eine besondere Situation sind Theaterprojekte in einer Schule, in einem Unternehmen oder im Rahmen einer Maßnahme (von der Arbeitsagentur). Diese Teilnehmer kommen nicht in erster Linie aus eigenem Interesse. Der Theaterpädagoge muss abwägen, welche bestehenden Rollen, Kommunikationsstrukturen und Hierarchien bringt das Team, die Abteilung oder die Schulklasse mit? Und welche Probleme und Konflikte können Einfluss auf die Theaterarbeit nehmen? Oft sind die Teilnehmer zurückhaltender und zeigen weniger Bereitschaft, sich auf neue Erfahrungen einzulassen. Es kann die Angst vor einer Bloßstellung oder Konkurrenzdenken überwiegen. ➤ Im Kapitel »Die Zielgruppen – Unterschiede und Gemeinsamkeiten«, S. 85, werden diese Themen weiter vertieft.

Über die Schulter geschaut: Wenn ich selbst Veranstalter eines Theaterkurses bin, dann versuche ich vorher, meine Zielgruppe genau einzugrenzen. Ich habe die Erfahrung gemacht: Je allgemeiner die Ausschreibung (»Theater spielen für jeden«) und offener die Bewerbung (Plakate und Flyer an öffentlichen Plätzen), umso weniger Menschen fühlten sich angesprochen. Mehr Erfolg habe ich mit Veranstaltungen, die in Kooperation mit einer sozialen oder kulturellen Einrichtung angeboten werden. Hier kommen Menschen zusammen, die sich untereinander kennen oder mit den Angeboten des Hauses vertraut sind – dann weckt ein neues Theaterprojekt auch ihr Interesse und die Hemmschwelle, sich anzumelden, ist geringer.

✓ Ich kenne meinen Auftraggeber

Ein Veranstalter kann der Leiter eines Theaters, einer konfessionellen, staatlichen oder privaten Einrichtung (Schule, Volkshochschule, Kulturzentrum) oder der Chef eines Unternehmens sein. Manchmal gibt es auch Kooperationspartner (ein Theater und eine Schule), die gemeinsam einen Theaterpädagogen für ein Theaterprojekt suchen.

✓ Ich weiß, wer mich unterstützt

Theaterpädagogische Projekte lassen sich leichter mithilfe von Unterstützern umsetzen. An einem Theater können das die anderen Abteilungen (Licht- und Tontechnik, Kostüm- und Bühnenbild), bei einem freien Theaterkurs Praktikanten, ehrenamtliche Begleiter oder Familie, Freunde oder Kollegen (der Spieler) oder an einer Schule die Klassenlehrerin oder der Hausmeister sein.

Professionelle Unterstützer sind zum Beispiel ein Choreograf, der für einen Tag mit den Spielern arbeitet, oder ein Musiker, der einen speziellen Song für das Stück einstudiert.

Finanzielle Unterstützer (Stadt, Stiftungen, Sponsoren, Spender) leisten einen Beitrag, um die Kosten für ein Theaterprojekt zu tragen.

Der Theaterpädagoge selbst braucht auch Unterstützer, die ihn beraten, wenn er mit einer Gruppe oder bei einem Thema nicht weiterkommt. Im Austausch mit den Kollegen lassen sich Fragen oder Probleme viel leichter klären. Der Freiberufler findet Unterstützer unter Kollegen, auf Netzwerktreffen (theaterpädagogische Stammtische, Regionaltreffen oder Tagungen) oder sucht sich im Ernstfall professionelle Begleitung durch ein Coaching oder eine Supervision.

✓ Ich kenne das Publikum

Theaterpädagogische Projekte haben ein besonderes Publikum. Es kommt – meist anders als bei einem Besuch im professionellen Theater – größtenteils aus dem sozialen Umfeld der Spieler. Die Hauptmotivation dieser Besucher ist in der Regel nicht das Anschauen eines Theaterstücks, sondern ihren Sohn, Bruder, Freund, Mitschüler oder Arbeitskollegen auf der Bühne spielen zu sehen.

Hier sollte der Theaterpädagoge die unterschiedlichen Sehgewohnheiten der Zuschauer berücksichtigen: Viele haben noch nie ein Theaterstück gesehen und stellen sich eine Aufführung wie die Unterhaltung im Fernsehen oder im Kino vor. Oder sie erwarten Leistungen wie im Profi-Theater und vergleichen die Spieler mit hauptberuflichen Schauspielern. Das führt im schlimmsten Fall dazu, dass die Theaterarbeit als langweilig oder laienhaft beurteilt wird. Wenn sich dann die Enttäuschung nach der Aufführung beim Spieler ablädt, der sein Bestes gegeben hat, ist ein Konflikt vorprogrammiert. Eine Beschreibung im Programmheft, eine Ansprache des Theaterpädagogen vor der Aufführung oder auch ein Nachgespräch können dem Zuschauer helfen, das Ereignis auf der Bühne richtig einzuordnen.

Die Checkliste für die Rahmenbedingungen

✓ Es gibt eine Idee

Die Idee muss die Teilnehmer ansprechen, die Lust des Theaterpädagogen wecken und auch den Ansprüchen des Auftraggebers gerecht werden. Oft gibt es Vorgaben, zu denen gearbeitet werden soll. Keine Angst davor! Jedes Theaterstück oder jedes Thema ist nur ein Ausgangspunkt für die Entwicklung eines eigenen Bühnenstücks. Hier eine kurze Auflistung von Kriterien, welche in der Auswahl der Idee berücksichtigt werden sollten:

- Entspricht die Idee den Interessen der Teilnehmer und knüpft an ihren Erfahrungshorizont an?
- Bietet sie den Spielern Herausforderungen und Entwicklungsmöglichkeiten?
- Macht sie neugierig und gibt viel Spielraum zum Ausprobieren und Experimentieren?

- Passt sie in den Spielplan des Theaters oder knüpft an das Programm der Einrichtung oder des Großprojekts an, in dessen Rahmen das Theaterprojekt veranstaltet wird?

✓ Das Budget passt

Jedes Theaterprojekt braucht einen Kosten- und Finanzierungsplan. Dieser umfasst im Wesentlichen:

- die *Personalkosten* (Honorare für alle, die im Projekt mitarbeiten)
- die *Sachkosten* (Kosten für Raummiete, Flyer und Druckkosten, Versicherung, Materialien, Verpflegung)
- die Kosten für die *Aufführung* (Kosten für Stückrechte, Werbung, GEMA, Bewirtung)

Gleichzeitig ist es wichtig, vor dem Beginn herauszufinden, wie die finanzielle Situation des Projekts aussieht: Trägt sich das Projekt allein oder braucht es finanzielle Unterstützung? Kann eine Förderung beantragt oder müssen Sponsoren gesucht werden? ➤ Mehr dazu befindet sich im Anhang im Abschnitt »Zur Finanzierung freier Theaterprojekte«, S. 131.

Über die Schulter geschaut: Requisiten, Kostüme oder das Bühnenbild müssen nicht neu gekauft werden, sondern können auch im Kostümverleih oder von Kollegen geliehen werden. Gerne gehen die Teilnehmer mit auf die Suche und steuern Fundstücke bei oder setzen sich selbst an die Nähmaschine. Wenn es einen guten Kontakt zu einem Theater gibt, dann kann man dort manchmal auch Bühnenpodeste sowie Licht- oder Tontechnik für ein geringes Entgelt leihen. Das Nachfragen lohnt sich! Für alle weiteren Anschaffungen sollten Angebote eingeholt, Preise verglichen und nach Rabatten gefragt werden.

✓ Den passenden Raum finden

Theaterpädagogen arbeiten häufig in Seminar-, Klassen- oder Veranstaltungsräumen wie einer Aula oder einem Festsaal. Große Speisesäle, Mensen oder Turnhallen sind durch ihre schlechte Akustik und ihre Weitläufigkeit eine besondere Herausforderung und müssen in der inhaltlichen Planung des Projekts und bei der Gestaltung der Probe (z. B. mehr Pausen) berücksichtigt werden.

Die Auswahl des Theaterraums sollte nach folgenden Kriterien beurteilt werden:

- Ist der Raum barrierefrei und so groß, dass die Spieler darin laufen und springen können, ohne sich anzurempeln oder gegen die Wände, Decken und Möbel zu stoßen?
- Kann die Gruppe durch die Lage des Raumes ungestört arbeiten und beeinträchtigt selbst auch niemanden mit ihren Geräuschen?
- Gibt es genügend Platz zum Agieren und Zuschauen?
- Hat der Raum eine gute Akustik, ist hell, freundlich und kann gelüftet werden?
- Können die Teilnehmer für die Arbeit in Kleingruppen auf Nebenräume oder den Flur, das Foyer oder das Außengelände ausweichen?
- Gibt es abschließbare Lagermöglichkeiten für Bühnenbild, Requisiten und Kostüme?
- Steht der Raum für die gesamte Probenzeit zur Verfügung oder muss im Verlauf des Projekts noch eine Alternative gesucht werden?
- Nutzen auch andere Gruppen den Raum und muss daher vorher oder hinterher aufgeräumt oder geputzt werden?
- Ist der Probenraum für die Teilnehmer gut zu erreichen, z. B. mit den öffentlichen Verkehrsmitteln?
- Gibt es eine Küche oder die Möglichkeit, sich in den Pausen zu verpflegen?

Hier noch wichtige Hinweise zur *Bühnensituation*:

- Passt die Größe der Bühne zu den Theatererfahrungen der Spieler und der Gruppengröße? Es gilt: Je größer die Bühne, umso höher sind auch die Anforderungen an die Spieler.
- Bietet der Raum ausreichend Platz für die vorgesehene Zuschauerzahl?
- Ist die Bühne mit öffentlichen Verkehrsmitteln gut zu erreichen und verfügt über genügend Parkplätze?

✓ Ein (realistischer) Zeitplan steht

Für den Theaterpädagogen ist es wichtig, alle Daten und Termine, die das Theaterprojekt strukturieren, im Blick zu behalten. Hier eine Übersicht, die in jeder Zeitplanung berücksichtigt werden sollte:

- Der *Inhalt*: Wie viele Proben werden für das angestrebte Ziel benötigt? Ein komplexes Theaterstück braucht zahlreiche Intensiv- und

Einzelproben. In einer Themeninszenierung muss mehr Zeit für Recherche und Experimentieren eingeplant werden.

- Die *Teilnehmer*: Wie lange kann die Probe dauern, damit die Spieler angemessen gefordert sind und genügend Zeit für die Erarbeitung eines Ergebnisses haben?
- Das *Budget*: Wie viele Proben können aus dem Budget bezahlt werden? Bis wann sind Zusagen für Fördergelder, Sponsoren oder die Teilnehmergebühren für das Projekt notwendig? Bis wann kann die Veranstaltung ohne Kosten wieder abgesagt werden? Fördergelder stehen nicht unbegrenzt zur Verfügung, sondern müssen in einem festgelegten Zeitraum ausgegeben werden – bis wann müssen diese Gelder ausgegeben sein?
- Die *Termine*: Ferien, Feiertage und regionale Termine (Karneval), die Spielzeitplanung am Theater, arbeitsintensive Phasen in Unternehmen oder auch Prüfungszeiten in Schulen müssen unbedingt im Theaterprojekt eingeplant werden.
- Die *Werbung*: Bis wann braucht der Grafiker, die Druckerei, die Pressestelle die Texte für die Bewerbung des Projekts? Bis wann müssen die fertigen Flyer verteilt und verschickt werden? Wann ist ein guter Zeitpunkt für eine Pressemitteilung?
- Die *Vor- und Nachbereitungszeit*: Wie viel Zeit nimmt die Vorbereitung und Planung der Proben und das Festhalten der Ergebnisse in Anspruch? Was muss an zusätzlicher Zeit – vor allem für die eigene Vorbereitung – eingeplant werden?
- Die *Organisation*: Wie viel Zeit wird für das Beschaffen von Kostümen, Requisiten, Bühnenbild und Technik benötigt? Wie viel Zeit wird für den Auf- und Abbau der Bühne gebraucht?
- Der *Rahmen*: Die Jahreszeit und die Fahrzeiten öffentlicher Verkehrsmittel, besonders bei älteren Teilnehmern oder Projekten mit Kindern, sollten vorher geprüft werden.
- Die *Pausenzeiten*: Diese sollten an die Öffnungszeiten einer Kantine oder Mensa angepasst sein.

Die Checkliste für die Planungsgespräche

Wenn die eigenen Vorüberlegungen abgeschlossen sind, sollte im nächsten Schritt ein Planungsgespräch geführt werden. Mit dem Veranstalter oder einem Verantwortlichen (einem Lehrer, Abteilungs- oder Bereichsleiter) werden die offenen Punkte aus den Checklisten geklärt. Auf der Grundlage dessen kann das eigene Konzept vervollständigt werden. Je klarer die Ziele, Erwartungen und Rahmenbedingungen vor Projektbeginn besprochen wurden, umso weniger Missverständnisse treten im weiteren Projektverlauf auf. Folgende Frageliste gibt eine Orientierung im Gespräch:

- Welches Interesse und welchen Auftrag gibt es?
- Welche Ziele sollen mit dem Projekt erreicht werden?
- Welches Ergebnis ist gewünscht?
- Wo kann es zu Interessenkonflikten kommen?
- Welche Aufgaben übernimmt der Auftraggeber selbst im Projekt (Organisation, Presse- und Öffentlichkeitsarbeit)?
- Wer ist aufseiten des Veranstalters an dem Projekt beteiligt (Bereichsleiter, Lehrer, Sozialarbeiter, Techniker) und welche Verantwortung und Aufgaben übernehmen sie?
- Wie findet ein Austausch mit den Unterstützern statt (regelmäßige Feedbackgespräche, Zwischenberichte)?
- Welches Budget steht für das geplante Projekt zur Verfügung oder wird noch benötigt?
- Welche Raumbedingungen sind vorhanden?
- Welches Material wird zur Verfügung gestellt?
- Wie viel Zeit steht zur Verfügung bzw. wird benötigt?
- Welche Bühnen- bzw. Aufführungsbedingungen sind gegeben?
- Mit welchem Publikum ist zu rechnen?
- Was muss für einen gelungenen Abschluss organisiert werden?

»Floß oder Kreuzfahrtschiff?« – ein passendes Konzept finden

In den Vorplanungen und Gesprächen muss deutlich geworden sein, ob sich die Gruppe gemeinsam ein eigenes Floß baut, auf eine Segelyacht steigt oder sie an Bord eines Kreuzfahrtschiffs geht: Reicht das Budget, um das ferne Ufer zu erreichen, oder kann der Veranstalter sich nur einen Ausflug leisten? Wie lange dauert eine Reise, wenn man den Atlantik überqueren will? Ist die Crew schon erfahren genug und traut sich an ein inhaltliches Abenteuer heran oder bleibt sie lieber in sicheren Gewässern? Fühle ich mich als Reiseleitung dafür gewappnet? Was traue ich mir zu?

In seinem Konzept (schriftlich oder auch nur gedanklich) legt der Theaterpädagoge schon vorab die Grundlagen fest, mit denen er in die Arbeit einsteigt. Je nach Projekt (Theaterworkshop oder Stückinszenierung) kann es kurz und strukturiert oder ergebnisoffen und situationsorientiert sein.

Welcher Leitungstyp bin ich? – festes und flexibles Konzept im Vergleich

Jedes Theaterprojekt kann sich zwischen zwei Parametern bewegen: Auf der einen Seite steht das *durchstrukturierte Konzept*, in dem von der Idee über die Theaterübungen, Figuren, Ausstattung bis hin zu Handlungen und Bewegungen alles festgelegt ist. Im Bild der Schiffsreise muss man sich das so vorstellen: Die Spieler besteigen ein fertig eingerichtetes Schiff. Sie können sich umschauen, orientieren und finden viele Anregungen, wie die Fahrt (Theaterprojekt) aussehen kann. In den ersten Tagen gewöhnen sie sich an die Aufgaben und beginnen, sich auf dem Schiff mit ihren Sachen einzurichten. Sie räumen es nach ihren Bedürfnissen und Vorstellungen um und werfen auch Sachen, die sie nicht brauchen, von Bord. Trotz der Vorgaben machen sie das Schiff zu ihrem, auf dem sie sich frei bewegen und entfalten können. Schnell kann die Gruppe in See stechen und schon erste Seemeilen bewältigen.

Aber ein eng strukturiertes Konzept hat auch *Nachteile*:

- Die Spieler können in eine passive Haltung fallen, weil alles schon fertig ist.
- Es kann die Spieler in die Defensive drängen, wenn sie keine Erfahrungen mit dem Theaterspielen haben. Sie finden sich dann lieber mit dem vorgegebenen Konzept ab.
- Ein strukturiertes Konzept bringt schnell Ergebnisse hervor. Das Risiko ist, dass man Spieler, die sich kreativ in den Entwicklungsprozess einbringen wollten, verlieren kann.
- Es kann eine Abhängigkeit von der Leitung entstehen. Aus der Sicht der Spieler gesprochen: »Er (der Theaterpädagoge) hat sich (mit dem Konzept) so viel Mühe gegeben. Wir wollen ihn nicht enttäuschen und machen es lieber so, wie er es sich ausgedacht hat.«
- Wenn Fragen, Schwierigkeiten oder Hindernisse auftauchen, übernehmen die Spieler nicht die Verantwortung, sondern verlassen sich auf die Leitung.

Dem gegenüber steht eine *offene Arbeitsweise*. Bei diesem Herangehen verlässt sich der Theaterpädagoge auf seine Wahrnehmung, beobachtet die Situation und reagiert spontan mit verschiedenen Impulsen. Manchmal besitzt er schon eine Ahnung oder hat eine Idee für das Ziel der Reise und entwickelt dann anhand seiner Beobachtungen das Konzept.

Bei dieser Art der Reise bauen die Spieler ihr Schiff selbst. Der Theaterpädagoge stellt ihnen Materialien zur Verfügung, hilft, Skizzen und Zeichnungen anzufertigen, und fasst beim Bauen mit an. Die Spieler erleben eine große Freiheit, aus sich heraus kreativ zu werden. Sie übernehmen selbst Verantwortung und gestalten das Ergebnis von Grund auf mit. Diese Verfahrensweise kann aber auch dazu führen, dass die Spieler überfordert sind:

- Sowohl Anfänger als auch erfahrene Spieler brauchen einen festen Rahmen oder Vorgaben (Rolle und Text), die ihnen Sicherheit geben. Auch Erfahrene können sich in einer neuen Gruppe oft besser zurechtfinden, wenn sie erst mit einem vorgegebenen Text agieren und dann improvisieren.

- Neben der Herausforderung, Theater zu spielen, kann es die Spieler überfordern, selbst das Theaterstück zu entwickeln. Diese Überforderung kann sich durch eine Blockadehaltung zeigen. Mit konkreten Arbeitsaufträgen und Rollenzuweisungen kann der Theaterpädagoge die Spieler »an die Hand nehmen«.
- Der Theaterpädagoge wird in seiner beobachtenden Haltung nicht als Leitung respektiert. Mit den Worten der Spieler: »Das habe ich mir anders vorgestellt!« oder: »Sie wissen ja gar nicht, was Sie wollen!«
- Es kann zu zusätzlichem Stress für die Spieler führen, wenn Szenen und Abläufe immer wieder verändert und ergänzt werden.

Die Ziele theaterpädagogischer Arbeit

In seinem Konzept setzt der Theaterpädagoge inhaltliche Schwerpunkte. Darüber werden den Spielern zum Beispiel die Grundlagen der Theaterarbeit oder besondere Techniken vermittelt. Auf dem Weg zum Zielhafen werden sie wie Etappen in die Route eingeplant. Die Dauer der jeweiligen Aufenthalte hängt vom Umfang des Projekts ab.

Etappe: Theaterspielen lernen!

Auf der Reise zur ersten Etappe weckt der Theaterpädagoge die Spiellust der Teilnehmer und regt die Spieler an, zu einem stabilen Ensemble zu werden. Die Grundlagen des Theaterspielens werden vermittelt. Dazu gehört ein Bewusstsein für den Einsatz von Körper (Mimik und Gestik), Bewegung, Rhythmus, Stimme und Sprache (Atem, Betonung, Tempo, Pause). Der Körper wird als Ausdrucksmittel erfahren und Signale der Kommunikation und Interaktion erprobt. Bei erfahrenen Spielern wird das Grundlagenwissen vertieft oder durch inhaltliche Schwerpunkte erweitert.

Etappe: Entwicklung einer ästhetischen Wahrnehmung und eines dramaturgischen Wissens

Auf der zweiten Etappe lernen die Spieler die Gesetzmäßigkeiten der Bühne (z. B. nicht mit dem Rücken zum Zuschauer spielen) kennen und entwickeln über das gegenseitige Zuschauen ein Bewusstsein für die

Symbolik und Wirkung ihres Spiels. Durch praktische Übungen und Spiele werden die Teilnehmer an ästhetische Verfahren (das Verfremden einer Szene, die Verdichtung oder Überhöhung) herangeführt und lernen, selbst Gestalter zu werden. Über das gegenseitige Zuschauen und das Reflektieren der Szenen werden Wahrnehmungen und Beobachtungen formuliert, eingeordnet und mit dem anderen ausgetauscht: Was nehme ich wahr? Welche Wirkung wird erzeugt?

Je nach Projekt, Dauer und Zielgruppe wird der passende Zielhafen ausgewählt. Aber nicht jedes theaterpädagogische Projekt muss mit einer Aufführung abschließen. Wenn der Schwerpunkt zum Beispiel auf dem Kennenlernen des Theaterspielens liegt oder der interkulturellen Begegnung, dann kann der Abschluss auch mit einem passenden Ritual oder einer Feier gestaltet werden.

Ziel 1: Eine interne Präsentation / Werkschau

Für Projekte mit einer kurzen Probenphase sind Präsentationen, die nur vor den Mitspielern gezeigt werden, ideal. Das gilt auch für Projekte, bei denen erste Spielerfahrungen im Vordergrund stehen. Eine interne Aufführung ist ein besonderes Erlebnis für die Gruppe, da hier erste spielerische Gehversuche in einem geschützten Rahmen möglich sind. Gemeinsam mit den Spielern kann der Theaterpädagoge diese individuell gestalten und am Ende eines Workshoptages oder zum Abschluss einer Probenwoche ansetzen. Für die Spieler steht die Werkschau im Kontext des gesamten Prozesses und benötigt an dieser Stelle nicht die Würdigung der Zuschauer von außen.

Ziel 2: Eine Aufführung für eine Teil-Öffentlichkeit

Freunde, Familienmitglieder, aber auch Kollegen und Mitschüler sind oft im Publikum theaterpädagogischer Aufführungen zu finden. Zu Projekten mit Menschen, die das erste Mal Theater spielen, passt eine Aufführung vor einer kleineren Öffentlichkeit, da in diesem Rahmen alle über dieses erste Bühnenwagnis Bescheid wissen.

Zuschauer aus dem Umfeld der Spieler bringen oft ein Vorwissen über den Entstehungsprozess des Stückes mit. Sie wissen, mit welchen Ängsten sich der Spieler zum Theaterprojekt angemeldet hat, und erinnern sich noch daran, mit welcher Begeisterung er dann von den ersten Spielerfahrungen erzählt hat. Diesen Entwicklungsprozess kann ein fremdes Publikum ohne Vorinformationen nur schwer nachvollziehen. Sie schauen mit ihrem Erfahrungshintergrund von professionellem Theater auf die Aufführung. Eine typische Reaktion ist dann: »Schön habt ihr das gemacht – und beim nächsten Mal macht ihr dann richtiges Theater!«

Im Probenverlauf wird deshalb besprochen, wer zur Präsentation kommt bzw. kommen darf. Je größer die Befangenheit in der Gruppe, desto behutsamer muss die Leitung mit dem Thema umgehen und gemeinsam mit den Spielern nach dem Präsentationsformat suchen, mit dem sich alle am wohlsten fühlen.

Über die Schulter geschaut: Bei einem Theaterprojekt ausschließlich mit jungen Frauen hat jede zur Präsentation nur einen Zuschauer eingeladen. Das war ideal für diese sehr zurückhaltende Gruppe, die eine große Scheu vor dem Auftritt auf der Bühne hatte. In einem Schulprojekt haben die Spieler aus einer 8. Klasse, aus Angst, bloßgestellt zu werden, nicht die älteren Mitschüler, sondern nur die jüngeren Jahrgänge zur Vorstellung eingeladen. Das hat ihnen Mut gemacht, und im nächsten Jahr durften dann auch die Großen zuschauen.

Ziel 3: Die öffentliche Präsentation

Für eine öffentliche Aufführung, zu der nicht nur Familie, Freunde und Kollegen eingeladen sind, braucht die Crew, ähnlich wie bei einer langen Reise, mehr Zeit und Planung, mehr Rückhalt und Sicherheit, ein starkes Wir-Gefühl und gute Probenbedingungen.

Theaterpädagogische Aufführungen in einem professionellen Theaterbetrieb profitieren von der bestehenden Infrastruktur (Werkstätten, Techniker), da hier eine Vielzahl von Aufgaben und Funktionen schon abgedeckt sind und man sich auf eine einwandfreie Ausführung von Vorgaben verlassen kann. Freie theaterpädagogische Projekte müssen im Budget andere Posten berücksichtigen. ➤ Mehr zur Finanzierung auf S. 131. Auch die Werbung für die Aufführung, der Kartenverkauf und die Bewirtung müssen eventuell selbst organisiert werden.

Es gibt viele freie Projekte, die in Räumlichkeiten ohne Theateratmosphäre aufgeführt werden. Solche theaterfremden Orte sind eine Herausforderung, aber gleichzeitig auch spannend, weil sich immer wieder neue Möglichkeiten und Formate ergeben können.

Um die Enttäuschung zu vermeiden, wenn keine oder wenig Zuschauer zur öffentlichen Aufführung kommen, muss vorher Folgendes bedacht werden:

- Für wie viele Aufführungen bekommen wir Publikum?
- Gibt es Parallelveranstaltungen, mit der unsere Aufführung in Konkurrenz steht?
- Gibt es die Möglichkeit, Aufführungen an eine größere Veranstaltung anzuknüpfen? (ein Festival oder ein Kulturfest)
- Durch welche Werbung können wir Zuschauer gewinnen?

Über die Schulter geschaut: Wenn die Spieler, die eine öffentliche Aufführung als Ziel hatten, sehr unsicher waren, habe ich zu den letzten Proben ausgewählte Zuschauer (eine Vertrauensperson oder einen Theaterkollegen) eingeladen. Die erste Publikumserfahrung gibt den Spielern ein sicheres Gefühl auf der Bühne, um die Premiere zu meistern. Auch bei Gruppen, denen der entscheidende Ansporn fehlte, half es, Außenstehende zur Probe einzuladen. Denn das Feedback der Zuschauer wirkt bestärkend und steigert oft die Motivation für die letzte Probenphase.

Wenn ein Hafen nicht erreicht wird

Wie auf jeder Reise kann es zu unvorhergesehenen Ereignissen kommen: Streit und Konflikte lassen sich genauso wenig voraussehen wie unterirdische Klippen oder ein plötzlicher Wetterumschwung. Hier ist es wichtig, als Leitung den Überblick zu bewahren und situativ zu reagieren. Bevor das Boot ein Leck bekommt, kann das Ansteuern eines anderen Anlegers statt des ursprünglich angepeilten Hafens die Lösung sein. Die Entscheidung, eine Aufführung abzusagen oder zu verschieben, ist kein Scheitern, sondern eine Erfahrung, die zu einer Reise dazugehört. Denn selbst bei einem Schiffbruch gibt es noch das Beiboot. Eine Werkschau, die nur einzelne Szenen des Stücks zeigt, kann wie ein Rettungsring sein, wenn Spieler unverhofft aus dem Projekt ausscheiden müssen.

»Wir sind auf Kurs!« – der Ablauf eines theaterpädagogischen Projekts

Ein theaterpädagogisches Projekt gliedert sich in mehrere Phasen. Zeitlich werden diese manchmal nur durch den 2) Anfangstermin und die 8) Aufführung bestimmt. Arbeitet die Crew gut zusammen, dann können einzelne Etappen schneller erreicht werden. Bei Konflikten in der Gruppe oder Störungen (der Raum ist belegt oder ein Teilnehmer ist erkrankt) geht die Reise langsamer voran oder Phasen müssen wiederholt werden.

Das folgende Schaubild gibt einen Überblick über den Aufbau eines theaterpädagogischen Projekts mit seinen einzelnen Phasen. In den Erläuterungen wird neben den inhaltlichen und strukturellen Themen auch auf die Gruppe und die dynamischen Entwicklungen in der jeweiligen Phase eingegangen.

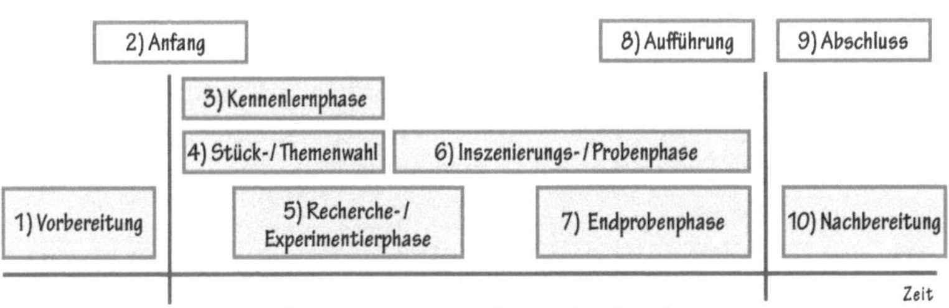

Struktur eines theaterpädagogischen Projekts

Die Vorbereitung (1)

Bevor das Theaterschiff in See sticht, werden noch die letzten Vorbereitungen und die Absprachen getroffen.

Was muss noch organisiert werden?

Wenn die ersten Anfragen und Anmeldungen von Teilnehmern eintreffen, beginnt die Feinplanung des Projekts. Vor Beginn muss eine minimale Teilnehmerzahl bzw. maximale Gruppengröße sowie ein Datum festgelegt werden, bis wann Teilnehmer nachrücken können. Hier empfehle ich, weitere Teilnehmer bis zum dritten Probentag hinzukommen zu lassen. Denn jeder neue Spieler beeinflusst die Gruppendynamik und den Arbeitsprozess. Je kürzer das Projekt, umso früher muss der Zeitpunkt gesetzt werden.

Über die Schulter geschaut: Kurz vor Beginn der Veranstaltung verschicke ich gern noch einmal ein Schreiben oder eine E-Mail an die Teilnehmer. Darin erinnere ich sie an den Projektstart und teile auch alle wichtigen Informationen mit, wie Uhrzeiten, Adresse (mit Wegbeschreibung) und Organisatorisches (bequeme Kleidung, passendes Schuhwerk, Verpflegung). Das entlastet das Ankommen der Gruppe in der neuen Situation und auch mich, da durch die Vorinformation schon wichtige Details geklärt sind.

Den Probenraum vorbereiten

Vor Projektbeginn muss sich der Theaterpädagoge die Probenräume und die Bühne anschauen. Bei optimalen Bedingungen fühlen sich die Spieler wohl und die äußeren Gegebenheiten beeinflussen nicht die Theaterarbeit. Leider gibt es selten die perfekten Raumbedingungen. Dann sind Ideen und Improvisationstalent gefragt, um einen angemessenen Rahmen herzustellen. Hier finden Sie einige wichtige Hinweise, um eine gute Probenatmosphäre zu schaffen:

- Theaterarbeit braucht Platz und Freiheit – Einschränkungen und Barrieren im Raum stören da nur. Dekorationen oder sonstige Materialien in einen anderen Raum oder in eine Ecke des Raumes räumen und diesen Bereich mit einem Stoff abtrennen oder abdecken. Es sollte auf eine gewisse »Aufgeräumtheit« geachtet werden, denn alles, was offen herumliegt, ist häufig eine Einladung zur Ablenkung für die Teilnehmer.
- Wenn zeitgleich andere Gruppen im Haus arbeiten, sollten vorher Absprachen über die Lautstärke getroffen werden. Laute Aktionen lassen sich ungestört proben, wenn die andere Gruppe gerade eine Pause macht.

- Gegen einen dreckigen Boden hilft nur der Kontakt zum Reinigungspersonal oder vor der Probe selbst zum Besen zu greifen. Bei einem kalten Steinboden Matten oder Decken verwenden.
- Ein zu großer Probenraum kann mit Tischen oder Stellwänden abgeteilt oder verkleinert werden. Ist der Raum zu klein, dann kann die Gruppe für bestimmte Übungen geteilt werden. Während die eine Gruppe spielt, sind die anderen Beobachter.
- Ein großer Theatersaal hat oft eine schlechte Akustik. Hier kann man auf die Bühne ausweichen, den Vorhang schließen und dann im Innenraum arbeiten. Der Stoff dämpft den Nachhall.
- Gibt es keine Räume für die Arbeit in Kleingruppen, dann können die Spieler in verschiedene Raumecken ausweichen. Eine ruhige Musik im Hintergrund kann die Arbeitsatmosphäre positiv unterstützen, und die Teilnehmer fühlen sich durch die Gespräche der anderen weniger gestört.
- Finden die Theaterproben in einer (für die Teilnehmer) gewohnten Umgebung statt, z.B. in einem Klassenraum oder im Gemeinschaftsraum einer Einrichtung, dann bereitet der Theaterpädagoge (allein oder mit den Spielern) den Raum so vor, dass ein »anderes Bild« von diesem entsteht. Jeder kennt das Gefühl und den Effekt, wenn man mal wieder die Möbel im Zimmer umgestellt hat: Es verändert sich die Energie im Raum. Die Teilnehmer spüren, dass etwas Neues beginnt.
- Neben der Veränderung des Raumes sollte der Theaterpädagoge immer wieder »Brücken bauen«. Soll z.B. auf dem Boden gearbeitet werden, kann das in einem Klassenraum zu Abwehr und Verweigerung führen. Für die Schüler ist das ein ungewohntes Verhalten, denn im Klassenraum setzt man sich nicht auf den Boden. Eine »Brücke« kann in diesem Moment ein Sitzkissen oder eine Teppichfliese werden.
- Bei Veranstaltungen, die länger als vier Stunden dauern, sollte über die Verpflegung nachgedacht werden. Wenn es in der Nähe keine Lokalitäten gibt, dann kann gemeinsam Essen bestellt oder ein Büfett organisiert werden, zu dem jeder etwas beisteuert. Die gemeinschaftliche Vorbereitung und die gemeinsame Mahlzeit stärken auch das Wir-Gefühl.

Über die Schulter geschaut: Bevor das Projekt beginnt, mache ich Fotos vom Raum bzw. den Räumlichkeiten. So kann ich zu Hause noch einmal die Bedingungen prüfen und mich besser darauf vorbereiten. So ein Foto ist auch sinnvoll vor dem Umräumen des Raumes. Dann kann man nach der Probe nachschauen, wie die Sachen gestanden haben, und alles wieder zurück an seinen Platz räumen.

Absprachen treffen

Bevor das Projekt beginnt, werden noch einmal kurze, persönliche Gespräche mit allen Unterstützern (Lehrer, Hausmeister, Experten) vor Ort geführt. Neben den aktuellen Gegebenheiten (Absprachen zu Schlüsseln, Pausenzeiten, Vor-/Nachbereitung) sollten auch besondere Wünsche, Erwartungen und Aufgaben besprochen werden. Bei einem Hausmeister, der die Räumlichkeiten verwaltet, kann es die Erwartung sein, dass die Gruppe den Müll selbst entsorgt, oder bei einem Mitarbeiter, der die Proben begleitet, der Wunsch, pünktlich Schluss zu machen.

Der Anfang (2)

Am Anfang jeder Reise befinden sich die Spieler noch in einem »Dazwischen«: mit einem Fuß an Bord, mit dem anderen noch an Land. Sie verspüren Vorfreude, Entdeckerlust und Neugier und leiden gleichzeitig an Abschiedsschmerz, Befürchtungen und Ängsten. Einzelne Spieler kennen sich vielleicht aus anderen Projekten oder haben sich gemeinsam angemeldet. Auf der Suche nach Orientierung und Sicherheit reagieren die Spieler meist abwartend. Das ist auch bei Gruppen zu beobachten, die sich schon kennen. Das Theaterprojekt ist ein neuer Kontext, in dem sie sich begegnen. Zu Beginn eines Projekts liegt der Fokus der Teilnehmer noch stark auf der Leitung. Der Theaterpädagoge agiert in der Rolle des Gastgebers, er übernimmt die Verantwortung und steuert das Ankommen. Erste Strukturen (zeitliche, räumliche und inhaltliche Vorgaben) geben den Spielern Sicherheit für den Aufbruch zu einer ungewissen Reise. Einfache Theaterspiele und Übungen lassen die ambivalenten Gefühle der Teilnehmer in den Hintergrund rücken und erleichtern die Kontaktaufnahme untereinander. Mit Kennenlernspielen entdecken die Spieler Gemeinsamkeiten oder erfahren in bestehenden Gruppen etwas Neues über den anderen. Durch diese Spiele werden erste Beziehungen zwischen den Teilnehmern geknüpft. Leichte, niedrigschwellige Darstellungsaufgaben helfen, Hemmungen abzubauen und Leistungsstress (Selbstanspruch) zu entschärfen.

Regeln in Theatergruppen aushandeln

Jeder Spieler geht mit seiner individuellen Persönlichkeit und Theatervorerfahrung an Bord. Jeder hat unterschiedliche Erlebnisse mit Gruppen im Gepäck. Der eine Spieler glaubt, die spielerische Leistung einzelner ist wichtig, ein anderer legt großen Wert auf den Austausch in der Gruppe. Das gemeinsame Festlegen von (Spiel-)Regeln bildet eine Basis für eine gute Zusammenarbeit. Denn in jeder Gruppe kommen unterschiedliche Spielertypen mit ihren jeweiligen Bedürfnissen zusammen: Aktive Spielertypen haben eine niedrige Hemmschwelle, bringen viel Spielfreude mit und begeistern durch ihr Talent, ihre Situationskomik und ihre Energie. Zurückhaltende Spieler werden dann oft in Grund und Boden gespielt. Nach dem Motto »Der kann das viel besser als ich!« kann es passieren, dass sie sich nicht mehr auf die Bühne trauen. Die Regeln in der Gruppe helfen ihnen, sich neben den aktiven Spielern zu behaupten. Die zurückhaltenden Spielertypen brauchen Zeit, bis sie sich warm gespielt haben und sich auf der Bühne sicher fühlen. Haben sie dann ihre Scheu überwunden, beeindrucken sie mit einer klaren Spielweise, gut gesetzten Pointen und leisen Momenten.

Natürlich gibt es zwischen aktiv und zurückhaltend noch viele Abstufungen – meiner Meinung nach stecken in jedem Menschen Anteile eines aktiven und eines zurückhaltenden Spielertyps. Die Ausprägungen sind dabei immer abhängig von Projekt, Konstellation und auch der Tagesform der Spieler.

Festgelegte Regeln für den Umgang miteinander erleichtern den Spielern den Einstieg in die praktische Theaterarbeit. Auch wenn die Spieler sich schon kennen (Schulklasse, Kollegen einer Abteilung), ist ein Theaterprojekt für alle eine neue Situation. Geben Sie Ihren Teilnehmern die Zeit, sich als (Theater-)Gruppe zu finden und neue Vereinbarungen zu treffen. Erst wenn das Fundament in der Gruppe geschaffen ist, kann darauf ein Theaterstück gebaut werden. Denn ein Schiff steuert sich am besten mit einer guten Besatzung, in der sich die Mitglieder aufeinander verlassen können: Mit einer Crew, in die sich jeder mit seinen unterschiedlichen Fähigkeiten und Talenten einbringt und dafür wertgeschätzt wird. So erreicht die Gruppe gemeinsam Ziele, die der Einzelne allein nie erreichen würde.

Die Kennenlernphase (3)

Wenn ein Schiff aus dem Hafen läuft, wird es mit Jubel und Tränen von den Menschen am Ufer begleitet. Alle verspüren Aufbruchsstimmung und Abenteuerlust. Niemand weiß, was die Crew erleben und ob sie überhaupt (heil) den Hafen erreichen wird.

Mit hemmungsabbauenden Spielen und einfachen Übungen lernen sich die Spieler und die Leitung kennen und entdecken erste Gemeinsamkeiten und Unterschiede. Sie helfen dem Theaterpädagogen aber auch, Informationen über den Einzelnen zu bekommen und Strukturen und Muster in bestehenden Gruppen zu erkennen. Hier eine Zusammenstellung von Fragen, die sich jeder Theaterpädagoge nach den ersten Treffen mit der Gruppe stellen sollte:

- Wie gehen die Spieler durch den Raum? Wie nutzen sie ihn?
- Wer hält sich in wessen Nähe auf?
- Wer sucht Kontakt zu welchem Partner?
- Welche Vorschläge werden aufgegriffen? Welche nicht?
- Wer hört wem zu? Wer nicht?
- Wie ist die gegenseitige Ansprache?
- Welches Klima und welche Atmosphäre nehme ich wahr?
- Welche Rollen, Etikettierungen und Verhaltensmuster sind zu erkennen?
- Wen oder was habe ich nicht wahrgenommen? Wer hat versucht, sich meiner Aufmerksamkeit zu entziehen?

Bei Workshops oder Blockprojekten gibt es nur eine kurze Kennenlernphase. Ähnlich wie bei einer Fahrt mit einem Ausflugsdampfer steht vorrangig die Aussicht (das Thema) im Vordergrund und nicht die Zusammenarbeit in einer Crew. In einem Inszenierungsprojekt dehnt sich die Kennenlernphase über mehrere Termine. Wenn neue Teilnehmer nachträglich dazukommen, muss inhaltlich darauf Rücksicht genommen werden, damit sie ihren Platz in der Gruppe finden können.

Die Stück- oder Themenwahl (4)

Mit ersten Theaterübungen und Spielen wird die anfängliche Scheu schnell überwunden: Die Spieler sind sich nicht mehr fremd, das Vertrauen untereinander ist aufgebaut. Eigene Interessen rücken stärker in den Fokus, es wird diskutiert, Kritik und Skepsis werden geäußert und Grenzen in der Gruppe ausgetestet. Jetzt geht es darum, die eigene Position im Gruppengefüge zu finden. Diese unterschiedlichen Rollen machen die Gruppe schließlich erst arbeitsfähig – denn wenn alle das Ruder ergreifen oder niemand den Kompass in die Hand nimmt, wird das Schiff nur schwer den angestrebten Hafen erreichen.

Die Funktionen in der Gruppe suchen sich die Spieler entweder selbst aus oder sie wird ihnen von den anderen Mitgliedern zugesprochen (die Rolle des Gruppensprechers, des Kritikers oder die des Außenseiters). Die Übernahme der Rolle kann sich durch bewusste oder unbewusste Selbst- oder Fremdzuschreibung vollziehen. Dabei sind die Rollen in der Gruppe nicht auf Dauer festgelegt, sondern können je nach Situation variieren und auch wechseln.

Inhaltlich wird in dieser Phase die Richtung und die Reiseroute abgesteckt. Gemeinsam entscheidet sich die Besatzung für einen Ausgangspunkt (eine Textvorlage, eine Theatertechnik, ein Thema oder eine Fragestellung) der Reise und wie das Ziel aussehen soll. Die Suche und Entscheidungsfindung läuft in der Regel nicht ohne Reibung ab. Sie bringt die Gruppe dazu, sich zu organisieren, Regeln und Werte innerhalb des Projekts zu justieren und ein gemeinsames Ziel zu definieren.

Hier helfen Kommunikationsspiele und Kooperationsübungen, z. B. aus der Erlebnispädagogik. Aber auch eine Einzelarbeit, die in der Gemeinschaft mündet, oder die Entwicklung von gemeinsamen Spielszenen kann wertvoll sein und den Anstoß zur Bildung eines Wir-Gefühls geben. So wächst die Gruppe zu einer Gemeinschaft zusammen und lernt, sich mit ihrem gemeinsamen Ziel zu identifizieren.

Über die Schulter geschaut: In einem meiner ersten Projekte ist eine Spielerin nach dem Austeilen der Texte und der Vergabe der Rollen nicht mehr zur Probe gekommen. Am Telefon hat sie mir dann gebeichtet, dass sie ihren Text nicht gelernt hatte, gegenüber der Gruppe ein schlechtes Gewissen hatte und sich deswegen nicht traute, weitere Proben zu besuchen. Seitdem plane ich immer Textlernzeit in der Probe ein oder sammele in der ersten Phase zum Ende der Proben die Texte wieder ein. Auch szenische Improvisationen können Spieler vom Druck des Textlernens entlasten. Im Ablaufplan wird die Szene nur mit einer Zusammenfassung des Inhalts dokumentiert, und die Spieler brauchen sich nur den Anfang, den Inhalt und das Ende der Szene zu merken. Das passiert beim Spielen meist automatisch.

Die Recherche- und Experimentierphase (5)

In dieser Phase befindet sich das Schiff auf offener See. Es geht auf Kurs, folgt aber nur grob einer Richtung. An Deck sieht man die Teilnehmer Szenen und Texte lesen, erste Szenen improvisieren und ästhetische Formen (Requisiten, Bühnenbild, Musik) suchen. Fragen wie: »Mit welchen Mitteln kann welche Wirkung erreicht werden? Wie lassen sie sich kombinieren und zusammenbauen?« kursieren an Bord.

Bei einem Theaterstück wird Szene für Szene erspielt und Figuren und Handlungen werden ausprobiert. Bei der Entwicklung von eigenen Szenen zu einem Thema werden nach szenischen Improvisationen erste Entwürfe festgehalten. Bei beiden Vorgehensweisen geht es nicht um eine exakte Spielweise, sondern um das Experimentieren in Spielsituationen und das Sammeln von szenischem Material: Die Spieler finden eigene Ideen, untersuchen Szenen einer Stückvorlage aus einer anderen Perspektive, wagen neue Möglichkeiten, verwerfen sie wieder, fangen noch einmal neu an, bis das Stück oder das Thema nicht nur verstanden, sondern auch körperlich und sinnlich greifbar geworden ist.

Der Theaterpädagoge kann in der Experimentierphase erneut auf dem Prüfstand stehen, denn auch er wird in seiner Rolle durch die Gruppe immer wieder neu definiert. Seine Grenzen werden ausgetestet und Handlungen von ihm infrage gestellt. Denn die Gruppe sollte in dieser Phase Verantwortung übernehmen und sich selbst einbringen.

Mit dieser Herausforderung können nicht alle Spieler umgehen. Der Theaterpädagoge sollte dem Druck seiner Teilnehmer standhalten und ihrer Unzufriedenheit offen und unvoreingenommen begegnen – indem er z. B. in Diskussionen Gegenpositionen bezieht oder manchmal auch schlechte Stimmungen unter den Teilnehmern erträgt, bis sie es selbst geklärt haben.

Die Proben- und Inszenierungsphase (6)

Die Spieler haben ihren Platz an Bord gefunden. Es gibt ein Miteinander, in dem jeder unterschiedliche Aufgaben übernimmt und sich alle gegenseitig unterstützen. So kann das Schiff Fahrt aufnehmen und bald zeichnen sich am Horizont die ersten Umrisse des Hafens ab und die Reise kann zeitlich besser überblickt werden. Das motiviert und spornt alle an – die Proben laufen dann reibungslos. Der Theaterpädagoge begleitet die Gruppe in dieser Phase als Impulsgeber, künstlerischer Berater und Moderator für den Gruppenprozess. Er achtet auf eine konstruktive Atmosphäre, damit die Offenheit für das kreative Schaffen und die Bereitschaft, auch fertige Szenen noch zu verändern, erhalten bleiben.

Im Laufe der Reise haben die Teilnehmer schon selbst Aufgaben und Verantwortungsbereiche in die Hand genommen. Art und Umfang variieren je nach Kompetenzen und Bedürfnissen innerhalb der Gruppe. Die Spieler gehen in dieser Phase vertrauensvoll miteinander um, was sie gleichzeitig souveräner auf der Bühne agieren lässt. Der Theaterpädagoge nimmt sich weiter zurück und übernimmt immer mehr die Rolle des Beobachters oder Beraters. Damit vermittelt er den Teilnehmern das Gefühl, dass die Führung nicht nur bei einer Person liegt, sondern sich alle gestalterisch einbringen können. Ein Wir-Gefühl – geprägt durch den Zusammenhalt und das Gemeinschaftsgefühl in der Gruppe sowie eine Identifikation mit dem entstehenden Theaterstück – kann sich daraus (weiter) entwickeln. Obwohl der Theaterpädagoge nicht mehr in der gleichen Präsenz für die Gruppe in Erscheinung tritt wie am Anfang der Reise, liegt sein Augenmerk weiterhin bei der Gruppe. Er ist stets sensibel für Einflüsse und Störungen, die die Zusammenarbeit aus dem Gleichgewicht bringen können, und hält sich bereit, falls seine Kompetenz gebraucht wird.

In der letzten Reiseetappe auf dem Meer wird die Ankunft im Hafen genau vorbereitet und geplant. Ästhetische Elemente (Brüche, Steigerung, Wiederholung, Verfremdung) werden verfeinert und das Spiel wird »verdichtet« – das bedeutet, es wird komprimierter und zielgerichteter. Bei einer Szenencollage wird eine Auswahl der besten Theaterszenen in einen dramaturgischen Rahmen – in eine Reihenfolge und einen Zusammenhang – gebracht. Parallel dazu werden Requisiten und Kostüme besorgt, das Bühnenbild wird zu Ende gebaut und die letzten Musikstücke ausgewählt. Und geprobt, geprobt, geprobt, bis alle Texte, Handlungen, Szenen und Übergänge gestaltet sind.

In diesen Prozess, der aus vielen kleinen Entscheidungen besteht und das Bühnenergebnis hervorbringt, sollte der Theaterpädagoge die gesamte Gruppe einbeziehen. So haben am Ende alle Anteil an den Entscheidungen, die zu dem führen, was auf der Bühne gezeigt wird.

Neben den dramaturgischen Fähigkeiten, das gesammelte Material zu einem Bühnenstück zusammenzubauen, sind vom Theaterpädagogen in dieser Phase Geduld, Organisationstalent und Problemlösungsstrategien gefragt, denn auf dem Weg zur Aufführung kann sich die Gruppe weit vom Ausgangspunkt entfernen.

Eine Reise hält nicht nur einmalige Erlebnisse und Erfahrungen bereit, sondern schwebt immer auch in der Gefahr zu stagnieren. Hier ist der Theaterpädagoge als Vermittler und Moderator gefragt: Er hilft den Spielern, den roten Faden (wieder) zu finden, eine Szene noch einmal aus einer anderen Perspektive zu bearbeiten, sich von den gesammelten Ergebnissen zu lösen oder noch einmal anders zu denken. Auf diesem Weg wächst bei den Teilnehmern nicht nur der Blick für das Gesamte, sondern auch das Bewusstsein für ästhetische Formen und sich für oder gegen eine Idee zu entscheiden.

Die Ergebnisse sind nie richtig oder falsch, sondern können nur nach ihrer (starken oder schwachen) Wirkung und dem (für mich) wichtigsten Qualitätskriterium, ihrer »Leichtigkeit«, beurteilt werden. Diese Eigenschaft steht nicht für »einfach« oder »banal«, sondern für eine entspannte, lockere und unangestrengte Spielweise. Wenn die Spieler in ihrer ganz eigenen *Leichtigkeit* agieren, dann entsteht jene Lebendigkeit auf der Bühne, die den Zuschauer begeistert.

Über die Schulter geschaut: Vor Probenbeginn, aber auch während des Entwicklungsprozesses von einem Theaterstück, lasse ich mich nicht auf Verhandlungen über die Dauer der Aufführung ein. Für mich entscheidet nicht die Quantität, sondern die Qualität der Arbeit. Als Zuschauer finde ich es anstrengend, wenn sich der Abend in die Länge zieht. Lieber gehe ich mit dem Gefühl aus dem Stück: »Schade, dass es schon vorbei ist!« als »Puh, das war aber lang!«.

Die Endprobenphase (7)

Kurz vor Erreichen des Anlegers ist die Gruppe zusammengewachsen und fühlt sich durch die regelmäßigen Proben sicher auf der Bühne. Die Spieler sind mutiger, probieren Variationen ihrer Handlungen und entdecken die Facetten ihrer Spielfigur. Sie gehen sicher mit Theatertechniken und ästhetischen Mitteln um – eine Dynamik zwischen der gesetzten Struktur und den Möglichkeiten des Spiels entsteht. Dieser Zeitpunkt wird oft als »reif« beschrieben. Die Spieler sind bereit, auf die Bühne zu gehen und ihr Stück zu spielen.

Meist betreten die Spieler erst in dieser letzten Probenphase die Bühne, auf der die Aufführung stattfinden wird. Ideal ist eine Woche Probenzeit in der neuen Umgebung. In der Zwischenzeit werden Licht- und Tontechnik und die Bühne eingerichtet. Das bedeutet auch, dass sich die Abläufe auf der Bühne noch einmal verändern können und die Spieler z. B. auf neue Stichworte oder Lichtzeichen reagieren müssen. Darüber hinaus werden die Spieler vertraut mit:

- den neuen Raumbedingungen: Welche Wege gehe ich auf der Bühne?
- der ungewohnten Akustik: Wie laut muss ich sprechen, so dass mich die Zuschauer auch in der letzten Reihe verstehen? Was bedeutet es, leise hinter der Bühne zu sein?
- der (hellen) Bühnenbeleuchtung: Wie fühlt sich das an, im Rampenlicht zu stehen? Wie muss ich mich aufstellen, um nicht geblendet zu werden?
- dem Spiel mit Bühnenbild, Kostüm (und Maske) und Requisiten: Wie bereite ich meine Requisiten vor? Wo lege ich diese bereit, damit ich schnell auf sie zugreifen kann? Wer hilft mir bei schnellen Kostümwechseln?

Die Aufführung (8)

Die letzten Tage auf See sind nur so vorbeigeflogen. Jetzt ist der große Tag endlich da! Am Tag der Ankunft im Hafen herrscht Hektik und Aufregung auf dem Schiff.

Zum Ende der Reise muss der Theaterpädagoge wieder stärker die Gruppe leiten: Er koordiniert die letzten Proben und ist das Bindeglied zwischen den Spielern auf und hinter der Bühne. Bei all dem behält er die Energie der Gruppe im Blick. Die Spieler sollten weder hektisch letzte Details proben und damit unnötige Energie verbrauchen noch innerlich zu früh von Bord gehen, sonst verpufft die ganze Kraft schon in der Generalprobe. Das ist zum einen für die Spieler wichtig, zum anderen aber auch für den Theaterpädagogen, der dafür sorgen muss, dass der Ablauf reibungslos funktioniert und sich deshalb nicht in Diskussionen über das, was die Gruppe nicht geschafft hat, verwickeln lassen sollte. Seine Aufgabe ist es, die Spieler dabei zu unterstützen, wie sie mit ihrer Aufregung und Nervosität umgehen können. Die Teilnehmer können mit einem Warm-up aus vertrauten Spielen und Übungen in einen ruhigen, konzentrierten und gleichzeitig energievollen Zustand gebracht werden.

Vor der Aufführung müssen nicht nur die Spieler, sondern auch die Zuschauer auf das Theaterstück eingestimmt werden. Informationen im Programmheft oder eine Ansprache vor der Aufführung können dem Zuschauer helfen, den Kontext richtig einzuordnen, z. B.:

- In welchen Rahmen findet das Projekt statt?
- Welche Spielerfahrung bringen die Darsteller mit?
- Welche inhaltliche Auseinandersetzung steht hinter dem Ergebnis?
- Außerdem können auch Informationen über den Zeitrahmen ergänzt werden: Wie lange hat unsere Reise gedauert? War es ein Ausflug oder eine Weltumseglung?

Nach der Aufführung können die Spieler und Zuschauer im Publikumsgespräch ihre Eindrücke austauschen. In den Proben sollten die Spieler auf diese Situation vorbereitet werden, um negative Rückmeldungen und kritische Fragen entsprechend einordnen zu können.

Nachdem die ganze Aufregung und Nervosität vorbei ist und sich alle in einem Adrenalinrausch befinden, sollte die Premierenfeier nicht vergessen werden.

Über die Schulter geschaut:
... »Eigentlich wollten wir noch einmal die letzte Szene proben.«
... »An dem Kostüm fehlen auch noch zwei Knöpfe.«
... »Liegen meine Haare richtig? Ist meine Schminke verschmiert?««
... »Wer hat meinen linken Schuh gesehen?«
... »Wo ist jetzt Anna? Schon wieder auf dem Klo? Sie war doch gerade erst!«
Wenn dann das Licht angeht, sehe ich die Spieler, wie sie mit der Aufregung und dem steigenden Adrenalin kämpfen. Wie sie die Lacher und Reaktionen des Publikums genießen und nicht nur miteinander, sondern auch mit den Zuschauern spielen. Aber auch, wie sie aufeinander reagieren und sich mit Stichworten weiterhelfen, wenn der Text vergessen scheint. Ein wunderbarer Moment!

Der Abschluss (9)

Je nach dem Format des Projekts folgen noch weitere Aufführungen auf der gleichen Bühne oder das Stück spielt an verschiedenen Orten. Um die Qualität zu gewährleisten, aber auch die Gruppe immer wieder zusammenzubringen, treffen sich die Spieler vor jeder Aufführung und sprechen die Erfahrungen und Abläufe durch: »Was hat gut geklappt? Wo müssen kleine Veränderungen vorgenommen werden?« Unter Umständen müssen Durchlaufproben eingeplant werden, die die Spieler wieder sicherer werden lassen.

Nach der letzten Aufführung sollten die Spieler noch einmal die Gelegenheit haben, gemeinsam zurückzuschauen: Wo hat die Reise begonnen? Was haben wir erreicht? Leistungen können zum Beispiel mit einer Feier gewürdigt werden. Vielleicht werden auch Foto- oder Videoaufnahmen angeschaut. Aber Achtung: Leider fangen diese Aufnahmen selten die einmalige Atmosphäre ein. Hier sollte der Theaterpädagoge relativieren und auf die Realität des eigenen Erlebens verweisen – denn die Wirklichkeit ist immer besser als ein Bild davon. Bei einer teilöffentlichen Aufführung wird über die Rückmeldung vom Publikum gesprochen und bei einer öffentlichen kommen die Kritiken aus der Zeitung dazu.

In der letzten Reflexion wird der Blick auch nach vorne gerichtet. Zum Beispiel mit den Fragen: Was hat mir besonders gut gefallen? Was waren die schönsten und eindrucksvollsten Erlebnisse? Wann geht das Projekt weiter oder gibt es ein neues Projekt? Oder vielleicht auch: Warum war das Projekt eher nichts für mich – wo habe ich meine Grenzen kennengelernt?

Jeder Teilnehmer nimmt individuell Abschied aus dem Projekt. Ein Ausblick auf das nächste Projekt kann einzelnen Spielern den Abschied von der Gruppe erleichtern. Andere wiederum können es manchmal gar nicht erwarten, sich direkt auf den Weg nach Hause zu machen. Der Theaterpädagoge sollte die unterschiedlichen Bedürfnisse berücksichtigen.

In einem Theaterworkshop steht am Ende der Transfer in den Alltag im Vordergrund: Was nehme ich aus dem Workshop mit? Oder wie kann ich die Erfahrungen in meine berufliche Praxis übertragen? Für einen runden Abschluss werden die letzten offenen Fragen geklärt und darauf geachtet, kein neues Thema mehr anzufangen. Sonst kann es am Ende passieren, dass Spieler mit offenen Fragen das Projekt verlassen müssen.

Die Nachbereitung (10)

In dieser Phase wird das Schiff aus dem Wasser geholt und an Land gebracht: Die geliehenen Requisiten und Kostüme müssen wieder zurückgebracht, Ausgaben und Einnahmen abgerechnet, Sachberichte für die Förderer und auch Dankeschön-Schreiben für die Sponsoren formuliert werden.

Nach dem Projekt ist auch vor dem Projekt: Im Auswertungsgespräch mit dem Veranstalter (oder den Förderern) kann über eine Fortsetzung bzw. eine neue Reiseroute gesprochen werden.

»Achtung: Stürme und Piraten!« – Konflikte in Theatergruppen

Keine Angst vor Konflikten und Krisensituationen in der Gruppe – sie gehören zu Theaterprojekten dazu. Mit der Kenntnis über die Entwicklungsprozesse in Gruppen kann der Theaterpädagoge auf die Dynamiken reagieren, ihnen Raum geben oder ihnen auch entgegensteuern. Man kann darauf vertrauen, dass die Gruppe und auch ihre Leitung aus bewältigten und geklärten Konflikten gestärkt hervorgehen. Anschließend sind alle gut gerüstet, weitere Turbulenzen gemeinsam durchzustehen.

Unstimmigkeiten in der Gruppe sind auch daran zu erkennen, dass die Teilnehmer Übungen blockieren, vom Thema abschweifen, begriffsstutzig reagieren, schweigen oder bagatellisieren. Der Theaterpädagoge darf die Auseinandersetzungen nicht ignorieren oder unterdrücken, auch wenn er sie als turbulent und anstrengend empfindet. Er sollte aufmerksam sein und den Zeitpunkt abpassen, an dem die Gruppe sich durch ihre Dynamiken überfordert und den Konflikt nicht mehr aus sich heraus lösen kann.

In einer *Krisensituation* ziehen die Spieler sich zurück, verhalten sich anders als sonst oder verlassen den Raum. Dann muss er eingreifen und die Gruppe unterstützen, ihren Konflikt zu klären. Bleiben Konflikte ungeklärt, dann hat dies auch Einfluss auf die Theaterarbeit. Das Schiff kommt viel langsamer voran, viel Zeit wird für Widerstände, Diskussionen, Verteidigen von Meinungen oder auch mit dem Vermeiden von Auseinandersetzungen verwendet. Auch die Entwicklung des Stücks und das Proben von Szenen werden dann zweitrangig.

Die Gruppendynamik in verschiedenen Projektformaten

In kurzen Theaterworkshops (Tagesveranstaltungen) sind die Dynamiken innerhalb einer Gruppe wenig ausgeprägt. Die Teilnehmer wissen, dass die Reise nur von kurzer Dauer ist, sie fokussieren sich mehr auf den Inhalt und schenken den Beziehungen untereinander weniger

Aufmerksamkeit. Dagegen sich die Auseinandersetzungen innerhalb einer Gruppe in intensiven Blockprojekten (mehrere aufeinanderfolgende Probentage oder eine Projektwoche) besonders deutlich zu spüren. Die Spieler verbringen mehr Zeit zusammen, können sich besser kennenlernen und müssen ihre Position deutlicher definieren. Nach dem Motto »Störungen haben Vorrang!« muss die Probenzeit für die Klärung von Unstimmigkeiten unterbrochen werden. Wenn Konflikte dauerhaft nicht ausreichend geklärt werden, besteht die Gefahr, dass die weitere Zusammenarbeit immer wieder darunter leidet und im schlimmsten Fall Einzelne aus dem Projekt aussteigen.

In langfristigen Projekten, z. B. bei zwei Einheiten pro Woche, beeinflusst der Zeitabstand zwischen den Projekttagen den Prozess. Manchmal verlieren Unstimmigkeiten zwischen den Teilnehmern durch die Distanz an Bedeutung, können sich aber auch steigern und sollten dann geklärt werden. Um den Spielern den Einstieg in eine vertraute Gruppenatmosphäre trotz Probenunterbrechungen zu erleichtern, können Rituale (ein vertrautes Spiel oder eine Musik), ein Rückblick zur letzten Probe, die Wiederholung von Übungen oder Szenen helfen. Auch ein Austausch über Erlebnisse zwischen den Proben oder das Nachfragen, wenn jemand fehlt (gefehlt hat), lässt leichter ein Gefühl der Zugehörigkeit entstehen. Ein Ausblick am Ende der Probe regt die Lust und Neugier auf das nächste Treffen an.

Wie Konflikte in Theatergruppen entstehen

Jeder Spieler trägt einen »blinden Passagier« in sich, der mit seinen Ansprüchen, Bedürfnissen und Vorstellungen den Spieler beeinflusst. Er ist der *eigene Kritiker*, der dem Spieler einflüstert, was er alles nicht darf oder nicht kann. Beim Theaterspielen machen die Spieler neue Erfahrungen, die diese innere Stimme beruhigen und ihnen Mut machen, sich in unbekannte Situationen zu begeben. Wird ein Spieler jedoch zu einem »Piraten«, dann braucht er besondere Beachtung. Denn Piraten haben die Eigenschaft, dass sie das Boot entern, indem sie an verschiedenen Stellen des Schiffes kleine und große Brände verursachen. Es sind *Unruhestifter*, die zusätzliche Regeln und Grenzen brauchen. Finden sie nicht ihren Platz in der Gruppe, dann müssen sie im schlimmsten Fall bei einem der nächsten Stopps von Bord gehen und die Gruppe verlassen. Manchmal hilft es auch, wenn sie in das Beiboot eines Unterstützers steigen und organisatorische Aufgaben übernehmen.

Über die Schulter geschaut: Wenn Spieler in der Rolle des Anführers für negative Stimmung sorgen, können unterschiedliche Strategien helfen: Ein Klärung mit der gesamten Gruppe, ein Vier-Augen-Gespräch oder sogar ein Ignorieren des Verhaltens. Ohne eine Bühne werden Störenfriede oft schnell ruhiger und fügen sich in den Prozess ein.

Auf einem Schiff halten sich die Spieler auf dem *Oberdeck* und dem *Unterdeck* auf. Auf dem Oberdeck wird gearbeitet, hier dreht sich alles um das Theaterprojekt. Im Unterdeck befinden sich die Kajüten, die Kombüse und die Mannschaftsmesse – der Aufenthaltsraum für die Crew. Hier stehen die Beziehungen der Gruppenmitglieder (Sympathien und Antipathien, Vorbilder) im Vordergrund. Die Gruppe verbringt dort ihre Pause und bespricht persönliche Themen, die an Deck keinen Platz haben. An Deck können *Rivalitäten und Konkurrenz*, um die Hauptrolle, den meisten Text oder die besten Ideen, zu Konflikten führen. Um einer möglichen Eskalation vorzubeugen, müssen klare Vereinbarungen und Regeln getroffen werden, die bei Grenzüberschreitungen zu Konsequenzen führen. Unter Deck führen vor allem *unterschiedliche Bedürfnisse* von Nähe und Distanz zu Auseinandersetzungen. Der eine schätzt den persönlichen Austausch und sucht die Nähe. Ein anderer braucht eher Abstand und zieht sich lieber zurück. Um talentierte Personen bilden sich oft Untergruppen (Cliquen). Einzelne werden zum Star ernannt, andere halten sich gern bei ihnen auf. Ein offener, respektvoller und toleranter Umgang mit den Unterschiedlichkeiten aller Spieler wie das aktive Gegensteuern von Cliquenbildung, z. B. indem Gruppenkonstellationen immer wieder neu gefunden werden, kann diesen Konflikten entgegenwirken.

Auf der gesamten Reise muss auf eine *Balance* und *Ausgewogenheit* zwischen beiden Ebenen geachtet werden. Wenn in mehreren Treffen nur geprobt und der Gruppe keine Zeit zum Austausch bleibt oder alle längere Zeit nur diskutierend im Stuhlkreis sitzen, ohne in die praktische Arbeit einzusteigen, dann kann auch das zu einer Krise führen. Andererseits ist wichtig, dass die Spieler ihr individuelles Bedürfnis nach Zugehörigkeit stillen können. Eine gemeinsame Reflexion nach der Einheit oder zum Abschluss der Probe beugt Konflikten vor. Hier können sachliche Erfahrungen dem persönlichen Erleben gegenübergestellt werden und ein Austausch stattfinden.

Äußere Einflüsse haben Konfliktpotential

Der Theaterpädagoge sollte nicht nur der Crew ein besonderes Augenmerk schenken. Denn auf einer Seereise ist das Schiff immer wieder Stürmen und Stromschnellen ausgesetzt:

- Die Verpflichtungen des Alltags (Klausuren, Überstunden) oder konkurrierende Angebote können sich negativ auf die Motivation und die regelmäßige Teilnahme der Spieler auswirken. In einem Gespräch kann die Vereinbarung anderer Probenzeiten, Blockproben am Wochenende oder auch eine gruppenverbindende Aktion (gemeinsamer Theaterbesuch, ein Ausflug, Pizza bestellen) die Verbindlichkeit der Spieler wieder stärken.
- Veranstalter, Freunde, Kollegen oder die Familie setzen die Spieler mit ihren Erwartungen und Anforderungen unter Druck. Sie verstehen oft nicht, warum Theaterproben so viel Zeit in Anspruch nehmen und deshalb weniger Zeit für andere Freizeitaktivitäten bleibt. Die Einladung zu einer offenen Probe oder einer Werkschau für ein ausgewähltes Publikum lässt das soziale Umfeld am Entstehungsprozess teilhaben.
- Aber auch Ferien oder eine längere Pause können, ähnlich wie eine Südseeinsel, zur Verlockung werden und die Weiterreise erschweren. Manche Spieler bleiben dann zurück und setzen die Reise nicht mehr gemeinsam mit der Gruppe fort. Gründe für das Verlassen der Gruppe können auch andere Verpflichtungen oder Aktivitäten sein, die den Teilnehmern keine Zeit mehr für die gemeinsamen Theaterproben lassen.
- Ab der Hälfte des Projekts ist die gemeinsame Aufführung natürlich das beste Argument zum Weitermachen. Dazwischen wecken ein Textheft zum selbstentwickelten Stück, Durchlaufproben oder Kostüme und Requisiten die Vorfreude auf den gemeinsamen Auftritt.
- Wenn ein Spieler bei einer Probe fehlt, verändert sich das Gruppengefüge und beeinträchtigt die Zusammenarbeit, alle müssen sich neu sortieren und andere Positionen vereinbaren. Wie kann das Programm umgestaltet werden, wenn ein Spieler in der Probe fehlt? Habe ich die Option, eine Rolle zu ersetzen, wenn ein Spieler aussteigt? Wie verändern sich die Konstellationen in der Gruppe? Durch welche Spiele und Übungen kann die Gruppe wieder zusammenfinden?

- Möchte ein neues Mitglied später noch an Bord kommen, muss abgewägt werden, welche Konsequenzen die Veränderung einer Spielerkonstellation mit sich bringt: Welche Vor- und Nachteile entstehen für die Gruppe, wenn ein Spieler später ins Projekt einsteigt? Bringt er neue Energie oder eher Unruhe in die Arbeit? Wie schätze ich die Gruppe ein? Sind sie zurückhaltend und brauchen Zeit, sich an das neue Mitglied zu gewöhnen, oder ist es eine gefestigte Gruppe, die ein neues Mitglied gern aufnimmt?

»Spielmaterial« – Übungen, die in jedem theaterpädagogischen Werkzeugkoffer zu finden sind

In diesem Kapitel stelle ich eine Auswahl der bewährtesten theaterpädagogischen Übungen mit ihren vielfältigen Einsatzmöglichkeiten vor. Mit ihnen habe ich meine ersten Spiel- und Anleitungserfahrungen gesammelt, und sie gehören inzwischen zu meinem Standardrepertoire. Die Übungen lassen sich prima verändern und variieren – schnell ist eine komplette Probeneinheit gestaltet. Die Auswahl für eine Übung und wie ich sie anleite treffe ich nach:

- dem *Ziel*: Was möchte ich mit der Übung erreichen? Kennenlernen in der Gruppe, Hemmungen abbauen, die Konzentration fördern, Vertrauen aufbauen, das Wir-Gefühl in der Gruppe stärken.
- den *Modalitäten*: Was sind die Umstände, in denen die Übung stattfinden soll? Die Gruppengröße, die Raumbedingungen, Dauer und der Anlass werden bedacht.
- den *Theaterspiel- und Bühnenerfahrungen* der Spieler: Welches Spiel-Niveau bringen meine Teilnehmer mit? Mit welchen Übungen kann ich sie abholen und herausfordern?

Über die Schulter geschaut: In der Praxis habe ich oft erlebt, dass sich auf die Frage: »Wer möchte die Übung einmal auf der Bühne ausprobieren?« nur spielstarke Teilnehmer melden – alle anderen versuchen meist, möglichst konzentriert woanders hinzuschauen. Bei Spielern mit wenig Spielerfahrung kann es passieren, dass sie sich verweigern oder blockieren, wenn es heißt: »Allein spielen vor allen.« Wenn ich eine Gruppe anleite, muss ich die Anforderungen der ersten Übungen also sehr bewusst einsetzen. Einfache Handlungen mit einer niedrigen Hemmschwelle, indirekte Bühnensituationen oder gemeinsam mit anderen agieren erleichtern Anfängern den Schritt auf die Bühne.

Die folgenden Übungen können für einen leichten Einstieg ins Theaterspiel, bis hin zum Sammeln erster Bühnenerfahrungen, eingesetzt werden. Die Anleitung der Übung ist in Anführungszeichen gesetzt und orientiert sich an der Zielgruppe Erwachsene. Satzzeichen müssen als Pause gelesen werden, in denen die Gruppe spielt. Für den Einsatz in der Praxis sind meine Worte nur als eine Orientierung gedacht, denn jeder Anleiter muss seine eigenen Formulierungen finden. ➤ Die Übungen werden in ihren Variationsmöglichkeiten für die jeweilige Zielgruppe im nächsten Kapitel, ab S. 85, erläutert.

Der Raumlauf

Der Raumlauf gehört zu den gängigen Werkzeugen des Theaterpädagogen. Allein oder in der Gruppe, kreuz und quer, gehend, laufend, kriechend, vorwärts, rückwärts, mit oder ohne Sprache, mit oder ohne Körperkontakt: Es ist eine Methode, die sich vielfältig einsetzen und in der Ausführung unendlich variieren lässt. Der ganze Raum wird *erlaufen*: mal mit offenen oder auch mit geschlossenen Augen – immer mit allen Sinnen. Der Theaterpädagoge kann verschiedene Qualitäten einbauen, z. B. laut-leise, hoch-tief, groß-klein, schnell-langsam. Meine *Grundregeln* für einen optimalen Raumlauf sind:

- »Nicht wie in einem Gefängnishof!« – Die Spieler bewegen sich kreuz und quer durch den Raum und vermeiden es, hintereinander im Kreis zu laufen.
- »Füllt den gesamten Raum aus!« – Alle bewegen sich gleichmäßig verteilt über die gesamte Spielfläche.
- »Seid aufmerksam!« – Die Spieler bewegen sich mit einer wachen Energie durch den Raum.
- »An eurem Kopf ist ein unsichtbarer Faden befestigt, der euch aufrichtet!« – Aufmerksam und präsent gehen alle durch den Raum. Die Teilnehmer legen ihre Alltagskörperhaltung ab und nehmen Körperspannung an.

In der Anleitung variiere ich die Ansprache zwischen einer persönlichen Anrede mit »Du«, wenn der Fokus stärker auf der individuellen Erfahrung liegt, und dem »Ihr«, wenn die gesamte Gruppe zusammen agiert.

Über die Schulter geschaut: Damit die Spieler ein Bewusstsein für die Grundregeln des Raumlaufs entwickeln, arbeite ich gern mit Gegensätzen: z.B. *nicht aktiv* gehen, sondern schlaff den Körper hängenlassen oder sich in der Mitte der Raums eng zusammendrängen – eben »wie im Gefängnis« – und sich so gemeinsam bewegen. In diesem praktischen Erleben werden die Regeln auch körperlich verinnerlicht.

Im Folgenden beschreibe ich die Einsatzmöglichkeiten der Übung im Ablauf einer theaterpädagogischen Einheit.

Der Raumlauf zu Beginn der Probe (Warm-up)

Wenn ich den Raumlauf *als Auftakt zum Theaterspielen* nutze, können die Spieler ihren Alltag hinter sich lassen und im Theaterraum ankommen. Sie nehmen Kontakt auf: mit sich selbst im Raum, mit den anderen Spielern, mit der Gruppe. Meine Worte dazu klingen etwa so: »Bewege dich durch den Raum, und bleibe ganz bei dir. Spüre in dich hinein: Wie geht es dir gerade? Spüre, wie sich dein Körper durch den Raum bewegt. Wie sich der Boden unter deinen Füßen anfühlt. Nimm wahr, wie sich deine Beine bewegen. Deine Hüfte. Was machen deine Arme und deine Hände beim Gehen? Wie bewegen sich deine Schultern? Wie bewegt sich dein Kopf? Wohin geht dein Blick? …«

Mit *offenen Fragen* rege ich die Wahrnehmung der Spieler an: »Wer geht noch mit dir durch den Raum? Wer kommt dir entgegen? Was spürst du, wenn die Person an dir vorbeigeht? Wer läuft ähnliche Wege wie du? Wer befindet sich hinter dir? Wer bewegt sich am weitesten von dir entfernt durch den Raum? Wohin geht dein Blick? Gibt es einen Blickkontakt? Schenke deinem Gegenüber ein Lächeln, begrüße ihn mit einem Kopfnicken. Begrüße ihn mit einem Handschlag. Sage deinen Namen, seinen Namen, …«

Mit *ersten Impulsen* verhelfe ich der Gruppe, ein Wir-Gefühl zu entwickeln: »Gehe aufmerksam und wach durch den Raum. Nimm die anderen wahr. Sammle Blickkontakte. Spüre die Bewegung der anderen im Körper, unter deinen Füßen. Höre den Klang ihrer Schritte. Finde mit den anderen ein gemeinsames Tempo. Finde mit der Gruppe einen Zeitpunkt, an dem ihr gemeinsam stehen bleibt. Finde mit der Gruppe einen Zeitpunkt, an dem ihr gemeinsam wieder losgeht. Behaltet das gleiche Tempo bei! …«

Nach dem Raumlauf in dieser Form sind die Spieler mit dem Raum und ihren Mitspielern vertrauter und der Einstieg in andere Spiele fällt ihnen meist leichter.

Der Raumlauf als Einstieg ins Theaterspiel (Themenfindung und Experimentierphase)

Mit dem Raumlauf lassen sich alle möglichen *imaginären Orte* verknüpfen. Bei der Reise durch den Raum ändern die Spieler nicht nur immer wieder ihre Bewegungsabläufe, sondern regen in kleinen spielerischen Situationen auch ihre Vorstellungskraft an: »Der Boden unter deinen Füßen verändert sich, er wird zu einem weichen, federnden Waldboden. Wir kommen an einen Bach. Am Ufer ist der Boden weich und sumpfig. Wir gehen an ihm entlang. Es wird immer matschiger, wir versinken knöcheltief im Morast. Wir kommen nicht mehr weiter. Wir müssen die Hose hochkrempeln und durch das Wasser zum anderen Ufer waten. Hier ist der Boden trocken, hier kommen wir besser voran. Wir erreichen eine Straße und trampeln die Erde von den Schuhen. Wir genießen es, über den festen Asphalt zu laufen. Die Sonne scheint am Himmel, kein Baum stört die Aussicht. Die Sonne steigt immer höher, und es wird wärmer. Sie brennt unerbittlich vom blauen Himmel, kein Schatten weit und breit. Jeder Schritt wird immer anstrengender, wir schleppen uns über den brütend heißen Asphalt. Der auch nicht mehr glatt und eben, sondern aufgebrochen und steinig ist. Dazwischen kommt Sand hervor. Wir schleppen uns immer weiter, wir dürfen nicht stehen bleiben. Es ist keine Straße mehr zu erkennen, nur noch Sand. Das Laufen ist beschwerlich, wir stolpern voran. Wir verlieren die Orientierung, und uns wird schwindlig – wir greifen ins Leere. Wenn wir fallen, stehen wir gleich wieder auf. Der Sand ist heiß unter den Händen. Jeder Schritt wird zur Qual. Da spüren wir einen leichten Wind auf der Haut, riechen das Salz in der Luft. Mit letzter Kraft schleppen wir uns voran und sehen das Meer. Wir tauchen ein in das kühle Blau und genießen das Wasser auf unserer Haut. Wir schwimmen immer tiefer, bis zum Meeresgrund, …«

Eine solche Fantasiegeschichte lässt sich – je nachdem, wie lange die Spieler *die Szene behaupten* – weiterführen oder variieren. Auch die Spielsituation lässt sich beliebig verändern, bei erfahrenen Spielern sind auch schnelle Ortswechsel möglich (vom Wald, in die Stadt, auf den Mond, unter die Erde). Leichter fällt dabei der Einstieg mit vertrauten Bewegungen, die immer abstrakter werden können (der Ellenbogen führt die Bewegung an, das Knie, die Schulter).

Zum Abschluss muss es immer ein klares Ende geben. Der Theaterpädagoge kann die Spieler mit folgenden Worten wieder zurückführen: »Schließt die Augen. Wenn ihr sie wieder öffnet, seid ihr zurück in unserem Theaterraum.«

Aus dem Raumlauf heraus können die Spieler auch zu einer *Partnerübung* zusammenkommen: »Bewegt euch durch den Raum und versucht immer, den gleichen Abstand zwischen euch aufrechtzuerhalten.«

Oder: »Verständigt euch ohne Worte, und tragt einen imaginären Tisch von der einen zur anderen Seite.«

Oder: »Vereinbart ein Geräusch, und leite deinen Partner mit geschlossenen Augen nur anhand dieser Laute durch den Raum.«

Auch der Einstieg in eine *Kleingruppenszene* ist möglich: »Trage mit deinen Partnern eine imaginäre Tischplatte von einer Raumseite zur anderen.«

Der Raumlauf kann den Spielern den *Einstieg in die Rollenarbeit* erleichtern: »Bewegt euch durch den Raum, und stellt euch eure Rolle vor. Wie geht die Figur? Probiert verschiedene Gangarten aus (große Schritte, kleine Schritte, federnde Knie, das Becken nach vorn oder nach hinten gekippt, Arme weit schwingend oder eng am Körper, Schultern nach oben oder nach hinten, Nasenspitze zeigt nach oben oder das Kinn nach vorne) Nehmt euch Zeit, die passenden Bewegungen für eure Figur zu finden. Findet eine passende Geste, einen Tick, den die Figur hat (Hände reiben, Kopf kratzen, Schulter zucken, stolpern, räuspern, schniefen). Probiert verschiedene Variationen aus, bis ihr die richtige Eigenart für eure Figur gefunden habt.«

Der Raumlauf kann auch ein Rahmen für das erste *Erproben in Stimmübungen oder Textarbeit* sein. In der gemeinsamen Bewegung sind die Hemmungen geringer, weil die Spieler sich nicht so beobachtet fühlen: »Bewegt euch durch den Raum, und schüttelt das Gesicht aus. Streicht die Mimik aus dem Gesicht. Macht das Gesicht ganz weit – die Augen und den Mund ganz weit auf. Macht das Gesicht ganz eng – kneift die Augen und den Mund ganz fest zusammen. Kaut auf einem ›m‹. Schneidet dabei Grimassen. …

Wählt einen Satz aus eurem Text aus und murmelt ihn vor euch her. Probiert verschiedene Betonungen aus. Ruft laut! Flüstert, singt, schreit ihn heraus. Sprecht ihn in verschiedenen Gefühlen (traurig, wütend, fröhlich). Begegnet den anderen Spielern mit diesem Satz. Führt einen Dialog über eine Distanz, fangt einen Streit an, macht dem anderen mit diesem Satz Komplimente. …«

Der Raumlauf kann auch den *Einstieg in eine Spielszene* oder in die Rollenarbeit begleiten oder den *Übergang zwischen zwei Übungen* gestalten. Mit Musik (klassisch-ruhig oder einer, die zum Tanzen einlädt), Requisiten (Hüte, Taschen, Stöcke) oder anderen Elementen (Kostüme, Masken, Stühle, Kartons) kann die Fantasie der Spieler angeregt werden. Gegenstände, Textauszüge, Fotos oder Bilder, die wie in einer Galerie am Boden verteilt liegen, laden ein, sie zu betrachten und sich zwischen ihnen zu bewegen.

Wenn die Gruppe intensiv diskutiert oder lange gesessen hat, dann wähle ich den Raumlauf, um die *Energie* wieder zurück in den Körper zu holen: »Bewege dich durch den Raum, schüttele Arme und Beine aus, die Füße und Hände, die Hüfte, die Schultern, den Kopf und den ganzen Körper. Mache große Bewegungen, nimm dir viel Raum, versuche, bis zur Decke zu gelangen, den ganzen Raum auszufüllen. Atme tief ein und mit einem lauten Seufzer wieder aus, …«

Der Raumlauf kann auch den *Abschluss einer Übung* oder den Ausstieg aus einer Szene gestalten: »Komm langsam wieder im Raum an. Schüttle die Rolle aus deinem Körper. Atme tief durch. Gehe wieder in deinen vertrauten Bewegungen und deinem eigenen Tempo durch den Raum.«

Mit dem Raumlauf kann ich auch das *Ende der Probe* einleiten und den Einstieg in die Reflexion anregen: »Bewegt euch durch den Raum, und erinnert euch an die letzten Stunden. Schaut die Menschen an, mit denen ihr die Zeit verbracht habt. Verabschiedet euch mit einem Blickkontakt, mit einem Kopfnicken, mit einem Händedruck, mit einer Umarmung.«

Der Raumlauf lässt sich auch als *Element innerhalb einer Aufführung* verwenden. Im Übergang zwischen den Spielszenen passt er gut in eine Szenencollage. Als wiederkehrendes Element wird der Übergang zur nächsten Spielsequenz gestaltet.

Der Kreis

Meine Theaterproben beginnen generell stehend oder sitzend im Kreis – je nach Zielgruppe auf Stühlen oder am Boden. Hier kann jeder jeden sehen, und das erleichtert die Ansprache und den gegenseitigen Austausch. Im Kreis ist es auch einfacher, Energien zu bündeln, ein Gefühl der Zusammengehörigkeit zu entwickeln und einen vertrauten Rahmen zu schaffen. Im Zentrum steht nicht ein Einzelner (oder die Leitung), sondern die Sache: gemeinsam Theater zu spielen. Meine *Grundregeln* für die Arbeit im Kreis sind:

- Der Kreis sollte möglichst rund und geschlossen sein (leere Stühle werden rausgestellt und Lücken durch Zusammenrücken vermieden).
- Die Form sollte stets erhalten bleiben. Alle Teilnehmer finden dort einen festen Platz und keiner muss außen vor bleiben.
- Als Anleitung sitze ich als gleichrangiges Mitglied mit im Kreis. Ausnahme: Wenn die Gruppe eine Übung (Kooperationsspiel) allein lösen soll, leite ich das Spiel außerhalb des Kreises an. Bei Spielen (Imaginationsübungen), in denen die Teilnehmeranzahl nicht zu groß sein darf, teilen sich die Spieler in zwei Kreise auf.

Impulskreis (Warm-up)

Das bekannteste Impulsspiel im Kreis ist der KLATSCHKREIS. Dabei schickt der Theaterpädagoge einen Klatschimpuls durch den Kreis. Er wendet sich nach rechts, nimmt Blickkontakt zur Person neben sich auf und klatscht in die Hände. Sein Nachbar auf der rechten Seite wiederholt die Handlung, dann der übernächste usw. – bis der Impuls wieder bei der Anleitung angekommen ist. Bei diesem Spiel verlieren die Spieler schnell ihre Scheu und Anspannung. Der Klatschkreis lässt unzählige Variationen zu, z. B.:

- das *Tempo steigern*,
- die *Richtung wechseln*,
- durch den Kreis klatschen, *zu einer Person*, die mir gegenüber steht,
- den Klatschimpuls *mit einem Geräusch* (Hey, Zipp, Hopp) oder einem *Wort* (dem eigenen Namen, dem Namen des Gegenübers, ein frei assoziiertes Wort) verbinden,
- einen *zweiten Impuls* losschicken, der den ersten Klatscher einholen soll,

- den Klatschimpuls durch ein Fußstampfen, ein Fingerschnipsen oder ein *anderes Körpergeräusch begleiten* oder *ersetzen.*

Ähnlich wie beim Raumlauf kann der Theaterpädagoge den Spielern mit einem Impulskreis ein Gefühl für Rhythmus und Zusammenspiel vermitteln. Nur wenn alle im gleichen Tempo und gleichen Rhythmus den Impuls durch den Kreis schicken, kann sich eine gemeinsame Energie entwickeln.

Der IMPULSKREIS kann auch ein gemeinsamer *Einstieg in die szenische Arbeit* sein. Der Theaterpädagoge schickt nach rechts ein »Ja!« los. Dieses Wort wird von Spieler zu Spieler weitergegeben, bis es wieder beim Anleiter angekommen ist. Nach links schickt er das Wort »Nein!« durch den Kreis. Auch das wandert von Teilnehmer zu Teilnehmer. Der Theaterpädagoge kann die Aussprache des Worts verändern und auch die Spieler dazu anregen, in ihrer Haltung oder ihrem Gefühl zu variieren: »Probiert einmal aus, das mit einer anderen Betonung oder einem anderen Gefühl zu sprechen.«

Im nächsten Schritt folgt der Impuls einem selbstständigen Richtungswechsel: »Wenn das Ja! zu euch kommt und ihr wollt es nicht weitergeben, dann könnt ihr es mit einem Nein! wieder zurückschicken. Das Gleiche gilt für das Nein! – wenn ihr es nicht weitergeben wollt, dann könnt ihr es mit einem Ja! in die andere Richtung schicken.« In den Wechselsituationen entstehen mit den Worten »Ja!« und »Nein!« erste kleine Dialoge.

Den *Übergang zur szenischen Arbeit* leite ich dann mit der Frage ein: »Erinnern euch die Ja/Nein-Dialoge an eine bestimmte Situation?« Oder: »Zwischen welchen Personen oder an welchem Ort könnte ein solches Gespräch stattfinden?«

Dann gebe ich den Spielern die Aufgabe, sich einen Partner zu suchen. Wenn die Partnersuche abgeschlossen ist, leite ich die nächste Übung ein: »Überlegt euch gemeinsam eine Situation, in der zwei Personen diesen Dialog führen. Wer könntet ihr sein? Wo könntet ihr sein? Und wie endet das Gespräch? Überlegt euch ein Ende der Szene. Ihr habt als Text nur die Worte Ja! und Nein!«

Während der Übung bewege ich mich durch den Raum, beantworte Fragen oder berate die Spieler, wenn sie sich nicht einigen können. Ich unterstütze ihre Konzentration, indem ich mich in ihrer Nähe aufhalte, oder halte Abstand, wenn sie sich im Spiel befinden.

Nach dem Spielen der kleinen Szenen kommen alle wieder zurück in den Stuhlkreis. Er wird zu einem Halbkreis geöffnet und an der offenen Seite präsentieren die Spieler ihre kurze Dialogszene. Nach jeder Kleingruppe findet eine kurze *Auswertung* über den Inhalt statt: »Welche Personen konnten wir sehen? Wo hat die Szene stattgefunden? Wie könnte ein anderes Ende aussehen?«

Eine weitere Möglichkeit von Spielen im Kreis ist der Stuhlkreis, der zu PLATZWECHSELSPIELEN einlädt. Ein Stuhl wird aus dem Kreis genommen, so dass ein Spieler keinen Platz hat. Wenn die Gruppe das Spiel noch nicht kennt, mache ich den Anfang und stelle mich in die Mitte des Kreises. Je nach Spiel fordern Regeln und Impulse die Spieler auf, möglichst oft ihren Platz zu wechseln. Der Spieler in der Mitte versucht, sich auf einen der freigewordenen Stühle zu setzen. Ein Klassiker ist das Spiel ALLE, DIE. Der Spieler in der Mitte benennt ein gemeinsames Merkmal und *alle, die dieser Aussage zustimmen,* wechseln den Platz. Wer keinen freien Stuhl findet, muss in die Mitte und eine neue Aussage in die Runde einbringen. Es kann auch eine gemeinsame Vorliebe oder Eigenschaft sein:

»Alle, die – einen blauen Pullover tragen.«

»Alle, die – gern Eis essen.«

»Alle, die – sonntags gern früh aufstehen.«

ALLE, DIE ist ein beliebtes Kennenlernspiel, das gleichzeitig die Gruppe in Bewegung bringt. Wenn es keine Stühle gibt, kann man dieses Spiel auch im Stehen spielen und jeden Platz mit einem Gegenstand (einem Schuh des Spielers), einem Streifen Kreppband oder einer Teppichfliese markieren.

Auch RUSH HOUR IN TOKIO ist ein Platzwechselspiel, das gut zum Aufwärmen oder als Aktivierer zwischendurch gespielt werden kann: »Wir sind ein Auto in der Großstadt Tokio. Unser Stuhl ist unser Parkplatz. Leider läuft die Parkuhr bald ab, und wir müssen uns einen neuen Parkplatz suchen. Dafür nehmen wir Blickkontakt zu einem anderen Autofahrer auf und tauschen heimlich den Platz, ohne dass der Autofahrer in der Mitte ihn uns vorher wegschnappen kann.«

Über die Schulter geschaut: ZippZapp ist ein Platzwechsel- und Namensspiel und zugleich auch ein Konzentrations- bzw. Koordinationsspiel. Ein Spieler steht in der Mitte des Kreises. Er wählt eine Person aus dem Kreis aus, stellt sich vor sie und sagt das Kommando: »Zipp« oder »Zapp«. Das Gegenüber antwortet auf die Anweisung »Zipp« mit dem Namen seines linken Sitznachbarn und auf das Kommando »Zapp« mit dem Namen seines rechten Nachbarn. Ist die Antwort falsch oder zögert er länger als drei Sekunden, dann muss der Spieler mit der Person in der Mitte den Platz tauschen. Außerdem gibt es noch das Kommando »ZippZapp!« – daraufhin müssen sich alle Spieler einen neuen Platz suchen, und die Person in der Mitte hat die Gelegenheit, einen Stuhl im Kreis zu erobern. Bei spielstarken Gruppen kann man noch zwei weitere Kommandos – »Zippzipp« und »Zappzapp« – ergänzen. Sie fordern auf, die Namen der beiden Nachbarn links und rechts zu nennen.

Mit der Übung Gegenstand verfremden agiert der Spieler von seinem Platz im Kreis aus und kann seine »erste Bühnenerfahrung« im sicheren Rahmen der Gruppe sammeln. Die Hemmschwelle ist geringer, weil der Spieler nicht frontal vor den anderen agieren muss. Eine Tüte (eine Tasche, ein Eimer, ein Korb) wird von Spieler zu Spieler gereicht. Ich beginne und gebe die Spielhandlung vor. Ich greife in die Tüte und hole einen *imaginären Gegenstand* heraus, mit dem ich pantomimisch eine kurze Handlung spiele: Einen Apfel, den ich an meinem Ärmel sauber reibe, reinbeiße und schmatzend esse. Danach schüttele ich die Tüte aus und gebe sie an meinen Nachbarn mit den Worten weiter: »Schau mal, was du in der Tüte findest.« So spielt jeder Teilnehmer im Kreis eine kurze Szene mit der Tüte. Bei kleinen Gruppen (bis acht Spieler) lasse ich die Tüte auch gern noch eine zweite Runde durch den Kreis wandern.

In der zweiten Spielrunde *verfremde die Tüte*, d.h. ich falte sie zusammen, bis sie die Größe meiner Hand hat, tippe eine Nummer auf die imaginierten Tasten, halte sie an mein Ohr und führe ein kurzes Telefonat. Ich beziehe meinen rechten Nachbarn ein und reiche ihm das imaginäre Mobiltelefon mit den Worten weiter: »Das ist Mama, sie will dich sprechen! Sie fragt, warum wir noch nicht zu Hause sind.« Mit diesem Impuls habe ich die Rolle meines Spielpartners bestimmt und gebe ihm eine Idee, wie er die Tüte weitergeben kann: »Schüttle die Tüte und probiere einmal aus, worin sie sich noch verwandeln lässt. Vielleicht hast du eine Idee, wie du deine Nachbarn ins Spiel einbeziehen kannst.« Daraus entsteht jeweils eine Spielszene.

Jede kleine Szene wird mit einem Applaus gewürdigt, bis die Tüte wieder ihren Ausgangspunkt erreicht hat. Auch hier kann sich je nach Gruppengröße noch eine zweite Runde anschließen.

Für die Auswertung und den Abschluss ist der Kreis die beste Sitzanordnung. Für die *Gestaltung des Feedbacks* gibt es unterschiedliche Methoden:

- Blitzlicht: »Sagt in einem Satz, wie ihr die heutige Probe erlebt habt!«
- Impulsfragen oder Bilder, die auf dem Boden liegen, geben einen Gesprächsanlass oder ein Thema vor, um besondere Erfahrungen zu reflektieren.
- Daumenabstimmung: Die Spieler bewerten den Tag mit einer Geste. Dafür strecken sie den Arm aus und zeigen ihren Daumen *nach oben,* wenn ihnen der Tag gut gefallen hat, halten ihren Daumen *waagerecht* bei der Rückmeldung: »Es geht so!«, und halten den Daumen *nach unten,* wenn es ihnen nicht gefallen hat. Neutraler wird die Rückmeldung, wenn die Spieler bei der Übung die Augen schließen und sich nicht gegenseitig in ihrer Meinung beeinflussen können. Der Theaterpädagoge gibt das Kommando: »3, 2, 1 – einrasten!« Die Spieler entscheiden sich für eine Daumenhaltung und nach dem Kommando: »Und Augen wieder auf!« sehen alle das Feedback zum Tag.
- In den Kreis treten (Meinungsbild) – Bei dieser Übung trifft ein Spieler eine Aussage zum Tag (»Ich fand die Stimmung in der Gruppe super!« oder »Das Warm-up hat mir heute am besten gefallen!«), und stellt sich in die Mitte des Kreises. Stimmen die anderen Spieler der Aussage zu, dann stellen sie sich ganz nah zum Spieler in die Mitte. Sind sie anderer Meinung, dann bleiben sie am Rand des Kreises stehen. Jeder Schritt ist eine Abstufung zwischen »Das finde ich auch« bis hin zu »Dem stimme ich nicht zu!«.

Standbilder

In der Übung Standbilder frieren die Spieler wie in einem Foto in ihrer Körperhaltung ein. In der Theatersprache nennt man das »Einfrieren« des Körpers auch *Freeze*. Es entsteht ein Bild einer Szene. Darüber gelingt ein einfacher Einstieg in die szenische Arbeit, auch der Schritt auf die Bühne erscheint den Spielern leichter. Gleichzeitig bekommen sie mit dem Spiel ein Verständnis für:

- einen *dramaturgischen Aufbau* von Theaterszenen: Was kann ich mit meinem Körper erzählen? Wie kann ich ein Bild verändern und weiter ausgestalten?
- *Parallelhandlungen*: Wie können wir gleichzeitig auf der Bühne agieren? Und worauf müssen wir achten, damit der Zuschauer unserem Spiel noch folgen kann?
- *Positionen auf der Bühne*: Wie unterschiedlich wirkt eine Position auf der Bühne? Wie muss ich stehen, damit der Zuschauer mein Spiel sieht? Wie groß kann die Distanz zu meinem Spielpartner sein?

Mit Standbildern lassen sich auch *einzelne Szenen von Theaterstücken* darstellen. Die Spieler bekommen Schritt für Schritt ein Verständnis für die gesamte Geschichte und können Konstellationen in Raum und Zeit, Rollenbeziehungen und Entwicklungen im Stück leichter nachvollziehen. Durch die Übungen mit Standbildern können die Teilnehmer ihr Körpergedächtnis verbessern, mit Positionen, Gruppierungen und Wirkungen experimentieren und erste Inszenierungsideen auf der Bühne entwickeln. Ein Standbild ist nicht auf eine Teilnehmerzahl beschränkt. Mit dieser Übung erfahren die Spieler, wie sich mit nur einer Bewegung ein Bild vollkommen verändern kann und wie sich spontan kleine Geschichten entwickeln lassen.

Meine *Grundregeln* für die Arbeit mit Standbildern sind:

- »Geduld haben!« – Ein Bild muss *nacheinander* aufgebaut und dann abgewartet werden, bis sich jeder Teilnehmer fertig aufgebaut hat. Erst dann fügt sich der nächste Teilnehmer in das Standbild ein.
- »In der Haltung bleiben!« – Die Spieler dürfen zwischendurch ihre müden Arme oder Beine ausschütteln, nehmen dann wieder die (gebaute) Haltung ein.
- »Seid genau!« – Wenn der Spieler Veränderungen an seiner Haltung

oder am Standbild vornimmt, dann nur einzelne, genaue Bewegungen. So wird deutlich, wie schon kleine Veränderungen (eine Geste, eine andere Blickrichtung) eine Szene beeinflussen können.

Die Übung STANDBILDER führe ich gern über einen szenischen Kontext ein: »Sucht euch bitte einen Partner, mit dem ihr gern die nächste Übung machen möchtet. Einigt euch darauf, wer A und wer B ist. In der ersten Runde ist A der Künstler, und B übernimmt die Rolle der Statue. Als Statue nimmst du eine neutrale Haltung ein. Du stehst aufrecht, beide Arme hängen locker neben deinem Körper. A als Künstler baut aus dir ein Kunstwerk. Dabei darf der Künstler deine Kopf-, Arm- oder Beinhaltung verändern. Er darf dich bitten, dass du dich auf den Boden setzt oder deine Mimik veränderst.«

Wenn A sein Kunstwerk vollendet hat, dann überlegt er sich einen Namen oder einen Titel für seine Statue. Ich zelebriere die Präsentation der Kunstwerke gern wie eine Führung durch eine Ausstellung. Zuerst bitte ich alle Künstler, zu mir zu kommen. Die Statuen bleiben an ihrem Platz. Ich beginne die Präsentation, indem ich in die Rolle einer Museumsführerin schlüpfe: »Liebe Gäste, ich begrüße Sie herzlich im Museum der modernen Kunst. Ich freue mich, Ihnen unsere neue Ausstellung zu präsentieren. Beginnen wir gleich mit der ersten Statue, sie trägt den Namen ...!«

An dieser Stelle ergänzt der Künstler den Titel. Ich wiederhole ihn und initiiere einen Applaus. Die Statue darf ihren Körper ausschütteln und sich der Gruppe anschließen. Dann geht es weiter zur nächsten Statue, bis alle präsentiert wurden. Im Anschluss finden sich die Partner wieder in den Kleingruppen zusammen und wechseln die Rollen. Jetzt schlüpft B in die Rolle des Künstlers und gestaltet aus A eine Statue. Auch diese Runde beende ich mit einer Präsentation im Museum.

Im Anschluss lade ich die Spieler ein, über die Übung zu sprechen: »Was habt ihr erlebt? Wie hat es sich angefühlt?« Dabei reflektieren die Teilnehmer ihre Erfahrungen und tauschen sich über Selbst- und Fremdwahrnehmung aus.

Hier einige Anregungen, wie sich die Übung ausbauen und verändern lässt:

- Die Künstler bekommen eine *Vorgabe,* zu der sie eine Statue bauen sollen, z.B. eine bekannte Figur, ein Gefühl oder ein Tier.

- Die Statue äußert einen *Wunsch*, wie oder zu welchem Thema sie gestaltet werden will.
- Die Statue kann auch *aktiviert* werden: Sie kann einen Satz aus ihrer Haltung heraus sagen oder ein passendes Geräusch machen.
- Die *Gruppe* kann vergrößert werden, und ein Künstler baut zum Beispiel aus drei anderen Spielern eine Gruppenstatue – frei oder zu einer Themenvorgabe.

Über die Schulter geschaut: Es gibt verschiedene Varianten, Kleingruppen zu bilden: Spieler können sich nach äußeren Merkmalen (Größe, Haarfarbe, Kleidung), nach Eigenschaften (gleicher Geburtsmonat, gleiche Interessen, gleiche Vorerfahrungen), mit Abzählen (»1, 2, 3, 1, 2, 3 – alle Spieler mit der Zahl 1 bilden eine Kleingruppe, alle Spieler mit der Zahl 2 ...«) oder mit Hilfsmitteln (Spiel- oder Memorykarten, Farben der Wäscheklammern oder Gummibärchen) zusammenfinden.

In der Einführung der STANDBILDER verwende ich folgende Worte: »In der nächsten Übung bauen wir gemeinsam ein Bild. Jeder von euch nimmt eine Haltung auf der Bühne ein und darf sich dann nicht mehr bewegen. Das erste Bild, das wir gemeinsam bauen, zeigt einen Park. Der erste von euch, der dazu eine Idee hat, geht auf die Bühne und stellt sich in die passende Haltung. Der nächste kann sich dazustellen und das Bild ergänzen oder eine neue Idee reinbringen. Bitte wartet ab, bis der Spieler seine Haltung gefunden hat, bevor der nächste auf die Bühne geht.«

Manchmal ist es einfacher, wenn die Spieler ihre Haltung mit einer Aussage verbinden, z. B. »Ich bin ein Baum!«. Im weiteren Verlauf bestimmen die Spieler selbst einen Ort (Bahnhof, Zirkus, Spielplatz), eine Situation (Überfall, Geburtstag, Fußballspiel) oder ein Gefühl (fröhlich, traurig, wütend), zu dem sie ein Standbild bauen.

Hier einige Varianten der Übung:

- In der Übung ZUG UM ZUG kommen Spieler auf die Bühne und können ein Bild ergänzen oder sie verlassen das Bild wieder, wenn ein anderer Spieler kommt. Alternativ können sie auch ihre Haltung verändern.
- *Aktivierung*: Die Spieler sagen ein Geräusch, ein Wort oder einen Satz aus ihrer Haltung heraus.

- Auf einen *Impuls* (Klatschen, ein Wort) dürfen sie mit einer Bewegung ihre Haltung verändern.
- Eine Kleingruppe gibt von außen *Regieanweisungen*, zu der jede Statue mit einer Bewegung reagieren kann.
- Zwei Gruppen bauen parallel zum gleichen Thema ein Bild und *vergleichen* danach ihr Ergebnis.
- Aus einem Standbild entwickeln die Spieler eine *Szene*.
- Im Wechsel von Erzähler und Spieler, die gemeinsam Bild um Bild bauen, entsteht eine *Dia-Show*, die die Geschichte verstärkt, eine andere Facette zeigt oder pointiert.

Zum Abschluss einer Probe kann ein Standbild auch zur Auswertung einer Einheit dienen: »Lasst den Tag heute noch einmal Revue passieren. Nehmt eine Haltung ein, die zu dem Gefühl passt, mit dem ihr heute Morgen hierhergekommen seid. Dann verändert eure Haltungen langsam hin zu dem Gefühl, mit dem ihr gleich den Raum verlassen werdet.« Manchmal fordere ich einzelne Spieler auf, nacheinander herauszutreten und sich das gemeinsame Bild anschauen.

Viele weitere wertvolle Anregungen zur Theaterarbeit mit Statuen finden sich in den Büchern von Augusto Boal. Er hat diese Methode eingesetzt, um Bilder für die Zwänge und die Unterdrückung in der Gesellschaft zu finden und mit ihnen Lösungen zu erarbeiten.

Die Zielgruppen – Unterschiede und Gemeinsamkeiten

Wie ist das eigentlich, wenn der Theaterpädagoge mit Kindern Theater spielt? Braucht er dafür andere Methoden als für die Arbeit mit Jugendlichen? Und wieder andere für die Theaterarbeit mit Erwachsenen? Kann er einem älteren Spieler mit Rollator einen Raumlauf überhaupt zumuten? Und wenn zwei unterschiedliche Zielgruppen zusammenkommen – muss man dann getrennt proben?

Jede Zielgruppe hat unterschiedliche Bedürfnisse, Eigenarten und benötigt eine entsprechende Ansprache. Für die Gestaltung der Probe gehe ich auf die jeweiligen Besonderheiten ein, um die Struktur sowie Spiele und Übungen entsprechend auszuwählen, zu verändern und anzupassen.

Die Übungen Raumlauf, Kreis und Standbilder werden auf den nächsten Seiten noch einmal aufgegriffen und beispielhaft in der Anleitung für Kinder, Jugendliche, Erwachsene, Ältere oder in Arbeit mit gemischten Zielgruppen beschrieben. Die Beschreibung der Spielergruppen ist nicht allgemein gültig, sondern als Anregung für die eigene Arbeit gedacht.

➤ Weiterführende Literaturempfehlungen und Buchtipps für die Arbeit mit den unterschiedlichen Zielgruppen im Anhang, S. 136.

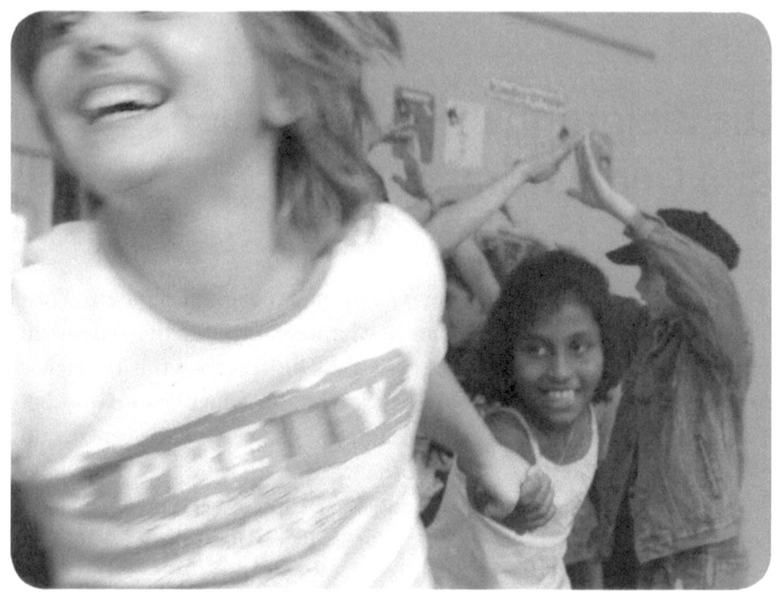

Grenzenlose Fantasie – Kinder spielen Theater

WER? Die ersten theaterpädagogischen Projekte für Kinder werden in der Regel ab drei Jahren angeboten. Die gemeinsame Spielerfahrung in der Gruppe steht dabei im Vordergrund. Der Abschluss kann eine Präsentation von kleinen Spielgeschichten oder auch nur ein interaktives Zusammenspiel von Spielern und Zuschauern sein (Publikum macht passende Töne oder Geräusche). Vor dem dritten Lebensjahr laden Workshops Kinder mit ihren Eltern zum gemeinsamen Theaterspiel ein.

WIE VIELE? Sechs bis acht Teilnehmer bilden eine gute Gruppengröße für eine Kindertheatergruppe bis zum Grundschulalter. In einem Theaterprojekt in der Grundschule kann man die Gruppe auf acht bis vierzehn Spieler vergrößern.

WO? Theaterpädagogische Projekte mit Kindern finden in Kindertagesstätten, Schulen oder der Offenen Ganztagsbetreuung statt. Professionelle Kindertheater bieten neben Theaterstücken, von Erwachsenen für Kinder gespielt, auch Theaterkurse für Kinder an, in denen sie selbst Theatererfahrungen sammeln können. Soziokulturelle Einrichtungen oder Vereine veranstalten Theaterworkshops oder auch Sommer- oder Ferienprojekte für Kinder. Zum Abschluss gibt es in der Regel eine gemeinsame Präsentation.

WANN? Bei jüngeren Kindern im Alter von drei bis sechs Jahren ist zehn oder halb elf eine gute Uhrzeit, das Frühstück ist vorbei, und das Mittagessen noch weit genug entfernt. Die Alternative ist nachmittags gegen 15 Uhr. Auch für ältere Kinder ab sechs Jahren ist der Vormittag eine gute Zeit für die Theaterarbeit, da sie dann wach und aufnahmefähig sind. Findet das Theaterprojekt nicht im Schulkontext statt, muss auf den Nachmittag ausgewichen werden. Im Offenen Ganztag wird die Theater-AG nach den Hausaufgaben angeboten, meist ebenfalls am Nachmittag. In den Ferien oder am Wochenende kann eine Theaterprobe auch am Vormittag stattfinden.

WIE LANGE? Die Konzentrationsspanne von Kindern ist sehr unterschiedlich. Je jünger die Teilnehmer, desto kürzer sollte das Theaterangebot sein. Die Spanne reicht von 30 Minuten (für Kinder von null bis drei Jahren), 60 bis 90 Minuten für Kinder bis sechs Jahren und 90 bis 120 Minuten (inkl. Pause) für Kinder ab sechs Jahren und älter.

WAS? Für Kinder gibt es eine unerschöpfliche Themenvielfalt, zu der sie gern Theater spielen. Die große Bandbreite der Kinderliteratur bietet viele Anregungen. Kinder lieben es, Figurenvorgaben aus der Fantasiewelt (Ritter, Prinzessinnen oder Piraten) oder Tiere zu spielen. Auch mit abstrakten Ausgangsthemen (Farben, Gefühlen, Formen – rund und eckig usw.) lassen sich Kinder gern zum Theaterspielen einladen. Daneben können auch Problemstellungen (Toleranz, Gewalt, Gender, Leistungsdruck) zu Inhalten werden, mit denen sich Kinder spielerisch auseinandersetzen.

ZUSCHAUER? Das Publikum von Kindertheateraufführung besteht aus Eltern, Geschwistern, Großeltern und allen, die zur Familie zählen. Je nach Institution sind auch andere Kinder zu Gast. Der Nachmittag ist eine gute Uhrzeit für eine Aufführung, wobei diese jedoch meist mit der Berufstätigkeit der Eltern kollidiert. Daher ist es sinnvoll, mit der Abschlussveranstaltung auf das Wochenende auszuweichen.

WIE? Sobald Kinder den Raum betreten, möchten sie mit dem Theaterspielen beginnen. Das bedeutet: Keine Zeit mit einem Warm-up vergeuden, sondern gleich in die Geschichte eintauchen und drauflosspielen lassen. Eine Verbindung von Theaterübung und szenischem Spiel kann der Auseinandersetzung zur Frage: »Wann fangen wir endlich mit dem Theaterspielen an?« vorbeugen.

Regeln und Konsequenzen

Ab dem Grundschulalter können Kinder Regeln und Konsequenzen für die Zusammenarbeit mitbestimmen. Sie können in der Gruppe besprochen, gemeinsam festgelegt und auf einem Flipchart notiert werden. Dazu gehören auch die Regeln für das Theaterspielen (aufeinander achten, sich nicht auf der Bühne verdecken).

Für die Einführung von Regeln und Konsequenzen verwende ich gern das Bild des *Schiedsrichters beim Fußball.* Mit diesem Bild sind die Kinder spätestens seit der Fußballweltmeisterschaft vertraut. Für alle ist die gelbe Karte eine Verwarnung, und alle wissen, dass eine *rote Karte* eine Konsequenz hat. Diese wird gemeinsam mit der Gruppe festgelegt. Die Bandbreite reicht vom dreiminütigen Ausstieg (am Bühnenrand) bis zu fünf Minuten Zwangspause vor der Tür. Bei schwerwiegenden Regelverstößen kann auch der Ausschluss aus der laufenden Probe die Folge sein.

Untereinander dürfen die Kinder auch *gelbe Karten* aussprechen. Damit machen sie sich gegenseitig darauf aufmerksam, dass jemand gegen eine Regel verstoßen hat. Nur die rote Karte liegt allein in der Verantwortung der Leitung. Ich kündige sie vorher an und suche das Gespräch mit dem Kind. Darin gebe ihm eine Rückmeldung, wie ich sein Verhalten erlebe, und frage, wie seine Wahrnehmung von sich selbst ist. Ich habe die Erfahrung gemacht, dass Kinder oft wissen, wann sie eine Grenze überschreiten. Wenn sie weiter die Grenzen austesten, wird von mir als Schiedsrichterin konsequentes Handeln erwartet.

Der Probenbeginn in einer Kindertheatergruppe

Eine Theaterprobe mit Kindern beginne ich in einem *Stuhlkreis*, als festes Ritual für die Proben. Im Gegensatz zu einem Steh- oder Sitzkreis auf dem Boden bilden Stühle eine feste Orientierung. In dieser Struktur fällt es den Kindern leichter, sich auf meine Worte zu konzentrieren. Nach der Begrüßung gebe ich den Teilnehmern in kurzen Sätzen einen Überblick zum Projekt: »Wir treffen uns ab heute jeden Tag (jede Woche, jeden Montag nach dem Unterricht), um gemeinsam Theater zu spielen. Wir werden uns zusammen ein Theaterstück ausdenken und es am letzten Ferientag (vor den Sommerferien, vor Weihnachten) hier (in der Aula, im Stadttheater) aufführen. Zur Aufführung könnt ihr eure Familie und Freunde einladen.«

Informationen zum Inhalt des Theaterstückes gebe ich zum Anfang noch nicht. So bleibt die Spannung noch ein wenig erhalten.

Danach beginne ich mit einem Aufwärmspiel im Stuhlkreis. Am ersten Tag wähle ich oft ICH PACKE MEINEN KOFFER!, um die Kinder kennenzulernen. In der folgenden Form verbinden sich Konzentrations- und Namensspiel. Das Spiel sollte mit einer Gruppe bis maximal zwölf Spieler gespielt werden. Bei größeren Gruppen kann die Anforderung an die Konzentration der Kinder zu hoch werden. Nach den Worten: »Ich packe meinen Koffer und nehme Maries gelbe Schuhe mit!« wende ich mich meinem rechten Nachbarn zu. Ich fordere ihn auf, den Satz zu wiederholen und auch eine Sache von einem Kind aus der Gruppe einzupacken. Der Spieler sagt: »Ich packe meinen Koffer und nehme Maries gelbe Schuhe und Toms blauen Pullover mit.« Der nächste wiederholt die Aussagen und fügt ebenfalls etwas von einem anderen Kind dazu. Ich animiere die Teilnehmer dazu, sich gegenseitig zu helfen, wenn jemand etwas vergessen hat. Mit diesem Spiel erfahre ich viel über die Konzentrationsspannen der Kinder.

Nach dem Spiel ist es wichtig, den Kreis aufzulösen und den Kindern die Möglichkeit zu geben, sich frei zu bewegen. Mit der Aufforderung: »Stellt bitte eure Stühle dort an die Wand!« lasse ich den Kindern Zeit, nicht nur ihre Stühle wegzustellen, sondern gebe ihnen ein paar Minuten, sich frei durch den Raum zu bewegen. Diese Momente setze ich in der Probe mit Kindern immer wieder ein, um z. B. nach konzentrierten Phasen dem Bewegungsdrang der Kinder Raum zu geben. Gleichzeitig entdecke ich oft in diesem Freiraum Spielideen, erkenne Interessen oder versteckte Talente.

Spielmaterial für Kinder

Ein klassischer *Raumlauf* ist für Kinder nicht ideal. Bekommen Kinder den Impuls, dass sie sich frei im Raum bewegen sollen, dann rennen, schreien, schubsen und rempeln sie sich an. Oder sie bewegen sich durch den Raum, und fordern den STOPP-TANZ. Diese Anregung greife ich manchmal auch auf: Der STOPP-TANZ ist ein Spiel, zu dem sich die Kinder zur Musik frei im Raum bewegen, bis die Musik stoppt und sie in der Haltung einfrieren. Dieses Spiel kann man mit und ohne Ausscheiden, mit und ohne Bewegungsvorgaben (stampfen wie ein Elefant, leicht wie eine Feder, groß wie eine Welle, stark wie ein Bär) verbinden.

Wenn ich den Raumlauf in der Arbeit mit Kindern einsetze, steige ich direkt über Assoziationen ein. Ich verwende dabei Begriffe, die aus ihrer Vorstellungswelt stammen und ihre Lust wecken, ins Spiel einzusteigen: »Kommt schnell in der Mitte zusammen. Wir müssen ganz leise sein, hier im Wald lebt ein böser Wolf, und wir dürfen ihn nicht aufwecken. Wir stehen jetzt langsam auf und schleichen langsam über den weichen Waldboden. Passt auf, dass ihr nicht auf einen Ast tretet und den Wolf aufweckt. Psst! Ganz leise! Hört ihr das? Ich glaube, da vorne gluckert ein Bach. Der Boden ist auch schon ganz matschig. Passt auf, dass ihr nicht ausrutscht. Haltet euch aneinander fest. Vorsichtig, ganz langsam, damit ihr nicht ins Wasser fallt. Der Boden wird immer matschiger, wir versinken im Boden. Ihr müsst euch helfen, und euch gegenseitig rausziehen. Passt auf, dass ihr nicht eure Schuhe verliert. Wir kommen nicht weiter ... Was machen wir jetzt?«

Die Kinder haben jetzt die Möglichkeit, verschiedene Lösungen zu nennen, die direkt ausprobiert werden. Können sich die Kinder gut auf das Spiel einlassen, dann entwickeln wir die Geschichte weiter. Haben sie Schwierigkeiten damit und lenken sich gegenseitig immer ab, dann vereinfache ich die Übung. Ich lasse die Kinder eine Zuschauerreihe aufbauen und sich auf die Stühle setzen. Dann markiere ich auf dem Boden mit Kreppklebeband einen Fluss, über den die Kinder herübermüssen. Ich frage sie, welche Möglichkeiten es gibt. Nachdem die Ideen gesammelt wurden, wähle ich zwei Kinder aus, die zuerst die Szene spielen. Zu Beginn gebe ich von außen Impulse: »Ihr seid in einem Wald, passt auf, dass ihr den Wolf nicht aufweckt.« Am Fluss lasse ich die Kinder frei improvisieren und unterstütze nach Bedarf. Nach ihrem Spiel bekommen die Kinder einen Applaus und setzen sich wieder auf ihren Platz. Danach spielen zwei andere Kinder die Szene. Die Spielergruppen stocke ich langsam auf drei, dann vier Spieler auf – bis wir zum Schluss wieder alle gemeinsam versuchen, über den Fluss zu kommen.

Der Spielort lässt sich leicht verändern und an das Oberthema des Theaterstückes anpassen. Die Kinder brauchen nur eine konkrete Aufgabe, für die sie spielerisch eine Lösung finden müssen. Je mehr Möglichkeiten es gibt, umso größer ist ihre Spiellust.

In der Theaterarbeit mit Kindern ist der *Kreis* ein wichtiges Instrument. Er zentriert die Teilnehmer und gibt ihnen Sicherheit. Er wird zu einem vertrauten Ritual in den Proben, mit dem Energie und Konzentration gebündelt werden können. Stuhlkreisspiele sind ihnen meist schon aus dem Kindergarten und der Schule vertraut. Ich lasse die Kinder gern eigene Spielideen und Wünsche einbringen. Sie erklären die Regeln für ein Spiel und stehen dann im Mittelpunkt: Eine erste Situation, in der sie *auf einer Bühne* stehen, frei einen Text sprechen und ihre Scheu vor dem ersten Auftritt ablegen können. So wie ich die Theaterprobe im Kreis beginne, beende ich sie auch oft im Kreis. Wenn genügend Zeit ist, dann spielen wir zum Abschluss noch ein Spiel.

Für die Übung STATUEN BAUEN bitte ich die Kinder, sich einen Freund oder eine Freundin als Partner auszuwählen, mit dem sie gern die nächste Übung zusammen machen wollen. Erfahrungsgemäß sind Berührungen für Kinder in den Geschlechtergruppen oder wenn sie sich kennen und mögen, keine Hürde. Sollte ein Kind keinen Partner finden, dann bilden sie eine Dreiergruppe oder ich biete mich selbst als Spielpartnerin an. In der Anleitung der Statuenübung muss ich ein besonderes Auge darauf haben, dass die Kinder die körperlichen Grenzen ihres Spielpartners berücksichtigen und sich nicht gegenseitig Arme und Beine verbiegen. Bei Kindern drehe ich die Übung deshalb gern um: Ein Kind stellt sich in einer eingefrorenen Haltung auf, das andere Kind schaut sich die Bewegungen genau ab und nimmt die gleiche Position ein. Im nächsten Schritt tritt die erste Person aus der Haltung und darf vorsichtig korrigieren.

Haben die Kinder Spaß an der Übung, kann ich die Aufgabe komplexer machen: A als Statue stellt sich in einer Körperhaltung bereit, B hat die Augen geschlossen oder mit einem Tuch verbunden und bekommt die Aufgabe, A abzutasten und sich in der gleichen Körperhaltung aufzustellen. Danach darf B die Augen öffnen oder das Tuch von den Augen nehmen, und die Körperhaltungen werden verglichen. A darf nachbessern. Bei Schwierigkeiten kann ein dritter Spieler zur Unterstützung dazukommen und B helfen, die richtige Position zu finden.

Die szenische Arbeit mit Kindern

Spielorte und Themen lassen sich mit Kindern leicht über das direkte Erleben einführen. Im Theaterraum kann man mit Tischen, Kartons und Decken Höhlen und Verstecke bauen. Besonders jüngere Kinder lieben diese Rückzugsorte. Stoffe und Tücher laden zum Verkleiden und sich Verwandeln ein. Wenn möglich, verlasse ich auch gern mit den Spielern den Theaterraum. Draußen, in einem Flur, Foyer oder einem Treppenhaus gehen wir gemeinsam auf die Suche nach Erlebnissen. Ein Kellerfenster kann zum Zugang zur Gespensterwelt werden oder ein Mauervorsprung der Unterschlupf vor den Räubern. Dabei muss natürlich Rücksicht auf die anderen Menschen im Haus genommen werden.

Auf diesen Expeditionen tauche ich als *Mitspielerin* in die Fantasiewelt der Kinder ein, gebe kleine spielerische Impulse oder animiere sie, eigene Ideen direkt ins Spiel umzusetzen. Eine solche Spielsequenz kann unterschiedlich lang dauern. Wichtig ist, dass nach dem Erlebnis wieder alle im Theaterraum zusammenkommen, über die Erfahrung sprechen und die besten Szenen noch einmal gespielt werden. Die Ergebnisse können auch zeichnerisch oder schriftlich festgehalten werden. Bei der nächsten Probe wird das Erlebnis auf der Bühne erinnert und szenisch bearbeitet. Kinder überlegen gemeinsam, was vorher passiert sein könnte und wie die Geschichte weitergeht. So entwickelt sich ein Theaterstück über das Spielerlebnis, das Nachspiel und die Improvisation. Erste ästhetische Elemente (chorische Sprachweise, Überhöhung, Verfremdung) lassen sich hier schon einbauen. Mit Fragen zur Rolle wird das Spiel weiterentwickelt: »Was macht ein Gespensterjäger, wenn er nicht auf Gespensterjagd ist? – Sein Frühstück essen, seinen Gespenstersauger reinigen, Zeitung lesen.« Eine konkrete Aufgabe gibt den Spielern Sicherheit auf der Bühne, sie können sich weitere Spielvariationen mit einem Gegenstand ausdenken, und auch die Umsetzung von Emotionen fällt ihnen leichter: »Spiele ich einen wütenden Gespensterjäger, dann esse ich mein Frühstück schnell und beiße fest zu, in einer traurigen Rolle schmeckt es mir nicht so gut, und einer ängstlichen Figur fällt das Frühstück vielleicht aus der Hand.« Text und Worte kommen dabei oft ganz von selbst, manchmal rege ich auch mit Fragen an: »Was würde ein Gespensterjäger jetzt sagen?« Ich beziehe die anderen Kinder auch mit ein: »Was glaubt ihr, was ein Gespensterjäger in der Situation sagen würde?«, oder ich mache einen Vorschlag: »Wie wäre es, wenn du sagst ...?«

Als Zuschauer im Publikum fällt es den Kindern oft schwerer, dem Geschehen auf der Bühne zu folgen. Mit kleinen Aufgabe kann man die Kinder am Spiel auf der Bühne beteiligen, dann fällt es ihnen leichter, aufmerksam zu bleiben: den CD-Spieler bedienen, das Licht an- oder ausschalten, auf einem Klemmbrett Ideen notieren, Requisiten bereithalten oder passende Geräusche (Telefonklingeln, Wind, Autogeräusche) machen.

Bei einer *Themeninszenierung* gibt es in der Regel eine ausgewogene Rollenanzahl. In sehr homogenen Gruppen, in denen ein gutes Gruppenklima herrscht, lasse ich alle Kinder alle Rollen spielen. Jeder darf jede Rolle ausprobieren, und dann frage ich die Kinder, welche Rolle ihnen am besten gefallen hat und welche Rolle zu wem passt. Oft haben die Kinder ein gutes Gespür für Spielqualitäten, finden selbst Alternativen (Rollen splitten) und motivieren sich gegenseitig. Ist die Stimmung dagegen angespannt, wird die Rollenverteilung zu einem schwierigen Thema. Da kommt es leicht zu Streitigkeiten. In dieser Situation muss ich Rollenwechsel und Diskussionen unterbinden oder manchmal sogar bestimmen, wer welche Rolle spielt. Diese Setzung muss begründet erfolgen und nachvollziehbar sein. Denn die Rollenverteilung ist für Kinder sehr wichtig, und dementsprechend nehmen sie diesen Vorgang sehr ernst.

Arbeite ich mit einer *Textvorlage*, dann splitte ich die Hauptfigur auf, und in jeder Szene spielt ein anderes Kind diese Figur. Für den Zuschauer ist die Rolle dann am gleichen Kostüm zu erkennen. Außerdem ist es mir wichtig, die Nebenrollen auch attraktiv zu machen – besonders wenn sie nur in einer Szene auftauchen und wenig Text haben. Das kann eine lustige Handlung, ein besonderes Kostüm oder ein ungewöhnliches Requisit sein. Als Beispiel: Eine Wache möchte niemand gern spielen, sondern alle wollen lieber die Rolle des bösen Gespenstes übernehmen. Wenn aber nur die Wachen zum Schutz ihres Anführers einen Zauberstab tragen dürfen, dann wird diese Rolle für Kinder plötzlich interessant. Oder die Geschichte wird ergänzt, und die Wachen bekommen eine eigene Szene, die sich an den Interessen der Kinder orientiert. Das kann zum Beispiel eine Tanzszene oder auch eine komische Episode sein, in der eine Wache eine Fliege verschluckt.

Wenn die Rollen verteilt sind, fragen die Kinder oft, ob sie auch einmal eine der anderen Rollen spielen dürfen – das böse Gespenst möchte z.B. auch einmal in der Rolle der Wache den Zauberstab tragen. Steht das Stück und ist die Stimmung in der Gruppe wertschätzend, dann erlaube ich einen solchen Wechsel. Dabei müssen beide Kinder mit dem einmaligen Tausch einverstanden sein.

Ist eine Geschichte, ein Buch oder ein Märchen die *Vorlage* für das Theaterstück, dann kann ich entweder nah an der Geschichte bleiben oder sie nur als Rahmen oder Auftakt für die Proben verwenden. Wenn ich in das Thema einführe, spüre ich bei den Kindern schnell, ob sie begeistert in die Geschichte eintauchen oder ob sie wenig Interesse an der Handlung zeigen. Kennen die Kinder die Geschichte z.B. schon aus dem Unterricht oder von zu Hause und sind begeistert von ihrem Inhalt, dann lasse ich mir gern die Geschichte von den Kindern erzählen und rege die Auseinandersetzung darüber an. Ich befrage sie nach den Situationen und animiere die Kinder mit »Was wäre, wenn …«-Fragen, frei zu assoziieren.

Wenn die Kinder die Geschichte noch nicht kennen, lese ich Kapitel oder Abschnitte vor und rege danach durch Fragen den Austausch über die Geschichte an. Oft stelle ich einen Bezug zur Lebenswelt der Kinder her: »Kennt ihr das von irgendwoher? Habt ihr so etwas selbst schon mal erlebt?«

Gerne greife ich in der Einführung auch auf andere Medien zurück: ein Hörspiel, mit dem die Kinder die Geschichte kennenlernen, Bilder, die per Beamer oder Overheadprojektor an die Wand projiziert werden, Stifte und Papier, so dass die Kinder ihre Lieblingsszenen aufmalen können. Ältere Kinder ab etwa neun Jahren, die schon Theatererfahrung mitbringen, lasse ich die Geschichte über Standbilder erzählen.

Dauer und Umfang der Einführung richtet sich nach Alter und Konzentrationsvermögen der Kinder. In der einen Gruppe entsteht das Theaterstück in jeder Probe in ganz kleinen Schritten, Stück für Stück. In der anderen Gruppe kommt man Schlag auf Schlag zu ganzen Szenenentwürfen und dem Grundgerüst des Stückes.

Die Aufführung mit Kindern

Die Generalprobe bzw. ein Durchlauf vor der Aufführung gibt den Spielern noch einmal Sicherheit in den Abläufen. Bei der Aufführung ist es mir wichtig, dass die Kinder selbst Verantwortung für ihr Theaterstück übernehmen. Sie müssen ihr Kostüm, ihre Requisiten kennen und sich gegenseitig helfen, das Bühnenbild umzubauen. Daher orientiert sich die Gestaltung nicht nur am Thema, sondern auch daran, wie sich Kostüme leicht wechseln und das Bühnenbild einfach umbauen lassen. Die Kinder, die in der Szene nicht selbst spielen, übernehmen den Umbau auf der Bühne. Die Aufgaben werden verteilt und genauso geprobt wie das Spiel der Szenen selbst. Eine Markierung mit Kreppband am Boden gibt den Kindern nicht nur Orientierung, wo die Bühnenbildelemente stehen sollen, sondern zeigt auch den Spielern, auf welcher Stelle der Zuschauer sie gut sehen kann.

Wenn es Kinder gibt, die nicht mitspielen möchten, dann übernehmen sie Mitverantwortung für die Technik. Da das bei Kinder-Projekten eher selten vorkommt, übernimmt meist ein Unterstützer diese Aufgabe. Ich selbst bin in der Regel während des Auftrittes in der ersten Reihe oder hinter der Bühne und helfe den Spielern, den richtigen Moment für den Auftritt nicht zu verpassen, oder gebe Stichwörter, wenn vor lauter Aufregung der Text nicht einfällt.

Über die Schulter geschaut: Ich habe die Erfahrung gemacht, dass ich bei der Entwicklung der Szenen mit Kindern sehr sorgfältig sein muss. Wenn die Struktur erst einmal steht, lassen sich Veränderungen und Nachbesserungen nur noch schwer durchsetzen und müssen mühsam nachgeprobt werden. Daher achte ich darauf, in kleinen Schritten zu arbeiten und Szenen von Anfang an »sauber zu bauen«. Wenn es später noch eine andere Idee für eine Szene gibt, dann muss dafür mehr Zeit eingeplant werden als für die Szenen zu Probenbeginn.

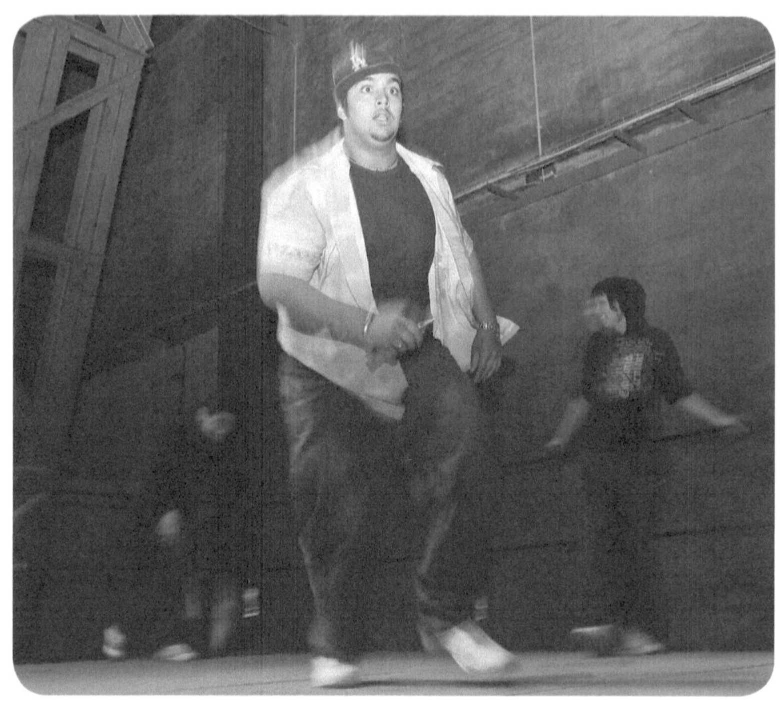

Die Jugend rockt die Bühne – Theater mit Jugendlichen

WER? Jugendliche und junge Erwachsene zwischen zwölf und zwanzig Jahren machen ihre ersten Theatererfahrungen fast immer in der Schule. Wenn ihnen die Schauspielerei gefällt, besuchen sie vielleicht Theaterkurse oder gehen in eine Jugendclubgruppe am Theater.

Neben den Teilnehmern, die Lust auf das Theater und das Spielen haben, begegnen mir in meiner Arbeit auch junge Menschen, die nur wenig Begeisterung mitbringen und teilnehmen müssen, oder diejenigen, die große Ängste haben, gar nicht mitmachen wollen und trotzdem dabei sind. Die Ursachen dafür können unterschiedlich sein, z. B. Theater als verpflichtendes Schulfach oder Eltern, die es gut mit ihren Kindern meinen – auf jeden Fall sollten beide Gründe bedacht werden.

WIE VIELE? Generell hängt die Gruppengröße von den räumlichen Gegebenheiten und der Motivation der Schüler ab. Bei optimalen Bedingungen setze ich eine Obergrenze bei 14 (manchmal auch 16) Spielern. Je schlechter die räumlichen Bedingungen und die Motivation der Spieler, umso weiter sinkt die maximale Teilnehmerzahl. Auch wenn ein Theaterprojekt ein einmaliges Erlebnis für eine gesamte Schulklasse ist, bleibe ich realistisch: Es ist eine Herausforderung, mit 30 Schülern ein Theaterstück auf die Bühne zu bringen – dafür ich brauche Unterstützer.

WO? Theaterpädagogische Projekte mit Jugendlichen können in der Schule, in Jugendzentren oder in anderen Jugendbildungseinrichtungen stattfinden. Es gibt Jugendclubgruppen an staatlichen und freien Theatern sowie selbstorganisierte Gruppen in Kirchengemeinden, Jugend- und Freizeiteinrichtungen und Vereinen.

WANN? Ich habe die Erfahrung gemacht, dass in der Woche der späte Nachmittag ab 17 Uhr gut für Theaterprojekte mit Jugendlichen geeignet ist. In den Ferien kann die Probe am späten Vormittag beginnen – so komme ich dem Ferienbedürfnis der Teilnehmer entgegen. Zum Beispiel kann 11 bis 15 Uhr oder 14 Uhr bis 18 Uhr ein guter Probenzeitraum sein. Eine Theater-AG in der Schule sollte wenn möglich nicht in den ersten beiden Schulstunden stattfinden, denn da muss ich den Kampf mit der Müdigkeit der Spieler aufnehmen. Besser eignet sich eine Doppelstunde in den letzten beiden Schulstunden, so kann bei Bedarf länger geprobt werden. Die Aufführung sollte vor den Sommerferien stattfinden, dann sind alle wichtigen Klausuren geschrieben. Aus Rücksicht auf den regulären Schulbetrieb lege ich die Abschlussaufführung gern auf einen Abend am Wochenende. 18 Uhr ist eine gute Uhrzeit dafür.

WIE LANGE? Ich habe gute Erfahrungen mit einem engen Projektzeitrahmen gemacht. Eine Theaterprojektwoche, ein Wochenendworkshop oder Projektwochen in den Ferien werden weniger durch schulische Belastungen, Stress zu Hause, neuen Freundeskreis, Berufsfindung, Praktika, Ausbildung, Studienwahl usw. beeinträchtigt als ein Projekt, das über einen längeren Zeitraum einmal in der Woche stattfindet. Wenn in den kurzen Projekten ein Vertrauensverhältnis unter den Teilnehmern entstanden ist, kann ich immer noch über ein längeres Inszenierungsprojekt nachdenken.

Über die Schulter geschaut: In fortlaufenden Jugendprojekten (Proben finden einmal in der Woche statt) bereite ich mich innerlich immer auch auf eine große Fluktuation vor – gerade bei Theaterprojekten, die im Freizeitbereich stattfinden und zu denen sich die Teilnehmer selbst anmelden. In der Regel kommen von zehn angemeldeten Jugendlichen sieben bis acht zum ersten Termin. Dann rechne ich noch damit, dass im Verlauf Spieler aussteigen, so dass am Schluss vielleicht nur noch fünf oder sechs Spieler auf der Bühne stehen. Waren die Eltern bei der Anmeldung anwesend und wird ein Teilnehmerbetrag für den Kurs erhoben, dann gibt es manchmal mehr Verbindlichkeit. Bei Theaterprojekten in der Schule erlebe ich es oft, dass Schüler, die Schwierigkeiten mit dem regelmäßigen Schulbesuch haben, in einer Theaterprojektwoche jeden Tag dabei sind – oft auch zur Überraschung der Lehrer.

WAS? Frage ich Jugendliche, was sie spielen wollen, antworten sie in der Regel mit Ideen aus Talkshows, Serien oder anderen Fernsehformaten. Viele haben nur wenige Theateraufführungen gesehen oder waren noch nie im Theater, und der Vergleich mit Fernsehen und Kino ist für sie naheliegender. In meiner Anmoderation oder im Gespräch über Wirkungen greife ich manchmal auf diese vertrauten Beispiele zurück. Themen aus ihrer Lebenswelt (das eigene Erwachsenwerden, Zukunftsängste, erste Liebe, Freundschaft) oder auch politische Themen (Ausgrenzung, Asyl, Fremdenfeindlichkeit, Gewalt) eignen sich gut als Ausgangspunkt für ein eigenes Theaterstück. Hier können die Spieler ihre eigenen Erfahrungen, Hoffnungen, Ängste, ihre Herkunft und Identität einbringen. Ist erstmal ihre Neugier geweckt, dann lassen sie sich mit Begeisterung auch auf klassische Inhalte wie Shakespeare und Schiller ein. Auch in Theatertechniken (Theatersport, Maskentheater, Aktionen im öffentlichen Raum) probieren sich Jugendliche gern aus.

ZUSCHAUER? Ähnlich wie bei Kindertheateraufführungen sitzen meist Familienmitglieder, Freunde oder aber auch schon erste Arbeits- oder Studienkollegen im Publikum. Bei Schulveranstaltungen treffe ich mit den Schülern immer eine klare Vereinbarung, wer zur Aufführung eingeladen werden soll und wer nicht.

BESONDERHEITEN? In Theater-AGs in der Schule nehmen die Schüler nicht immer freiwillig teil. Manche haben in ihrer Wunsch-AG keinen Platz mehr bekommen oder spielen nur mit, weil sie mit ihren Freunden zusammen sein wollen. Aber das Theaterspielen braucht die Bereitschaft zum Mitmachen. Unstimmigkeiten und Konflikte sind in diesem Fall vorprogrammiert. Mit Einzelgesprächen zu Beginn (von den Jugendlichen auch gern »Casting« genannt) versuche ich Barrieren zu erkennen und aus dem Weg zu räumen. Unter vier Augen frage ich die Schüler ganz direkt, warum sie am Projekt teilnehmen möchten, und erkläre ihnen auch, was ich von ihnen erwarte. Oft sind Jugendliche erleichtert, wenn sie in diesem persönlichen Rahmen über ihren Widerwillen, den Erwartungsdruck von außen oder ihre Ängste sprechen können. Ich reagiere mit Verständnis und frage die Schüler, welche Lösung wir gemeinsam finden können. Die Reaktionen darauf sind unterschiedlich. Manche lenken ein und sagen, dass sie es ja mal ausprobieren können. Andere lehnen Theaterspielen kategorisch ab, können sich aber vorstellen, das Projekt organisatorisch oder technisch zu unterstützen. Verweigern sie sich komplett, suche ich das Gespräch mit dem Klassenlehrer oder den Eltern, erkläre die Situation und suche mit allen gemeinsam nach einer Alternative.

Regeln und Konsequenzen mit Jugendlichen verhandeln

Das Schließen eines Kontrakts (manchmal auch schriftlich) mit der gesamten Gruppe kann helfen, Theaterregeln verbindlich zu machen. In dieser Vereinbarung steht zum Beispiel:

- In der Gruppe wird wertschätzend und respektvoll miteinander umgegangen.
- Alles Persönliche bleibt im Raum, wird nicht nach außen getragen und weitererzählt.
- Während der Übungen und Präsentationen werden keine Privatgespräche geführt.
- Auslachen und abwertende Kommentare über das Spiel von anderen sind nicht erlaubt.
- Das Handy wird – wenn überhaupt – nur als Requisit oder zum Abspielen von Musik verwendet.

Jedes Projekt und jede Gruppe hat und braucht ihre eigenen Regeln. Daher gilt es auch hier wieder, individuell zu ergänzen.

Der Probenbeginn in einer Jugendtheatergruppe

Auch die Theaterprobe mit Jugendlichen beginne ich gern im *Stuhlkreis*. In dieser *Vorstellungsrunde* bitte ich die Teilnehmer, ihren Namen, ihr Alter und ihre Theatervorerfahrungen zu nennen. Gab es keine Vorgespräche, bitte ich die Jugendlichen außerdem, ihre Wünsche und Erwartungen an das Projekt zu ergänzen. Danach geht es schon praktisch los, denn Hemmungen lassen sich am besten mit Theaterübungen wegspielen. Erst nach einer intensiven Spielphase steige ich in das eigentliche Thema ein.

Raum, Kreis und Standbild – Spielmaterial für Jugendliche

Ein *Raumlauf* mit Jugendlichen kann eine große Herausforderung sein. Mädchen kleben gern zusammen, kichern und tuscheln. Jungs quatschen, rempeln oder schubsen einander. Habe ich es im Verlauf des Projekts geschafft, eine respektvolle, wertschätzende und konzentrierte Arbeitsatmosphäre herzustellen, kann ein Raumlauf mit Assoziationen, z. B. über verschiedene Untergründe, gelingen. Aber oft höre ich: »Durch den Raum laufen ist langweilig!«

Eine Umwandlung kann helfen: Alle stellen sich an einer Wand des Raumes in einer Reihe auf und bewegen sich von einer Raumseite zur anderen. Das hat den Vorteil, dass der Weg vorgegeben ist und die Ablenkung durch die anderen Spieler nicht so groß. Die Dauer der Handlung wird für die Teilnehmer dadurch absehbar. Hat das funktioniert, kann ich im nächsten Schritt »zum Spalier« umsteigen. Die Spiele stehen sich in zwei Reihen gegenüber. In der Mitte des Raumes agieren die Spieler zusammen. Das erleichtert die Begegnung, denn jeder Spieler muss sich nur auf einen Partner konzentrieren, weiß, dass er ihn in der Bühnenmitte trifft und dass der Kontakt nur von kurzer Dauer ist.

Der *Kreis* ist auch für Jugendliche eine bewährte Form, um mit allen Spielern zusammenzukommen, sich in Impuls- und Platzwechselspielen auszutoben oder sich über ihre ersten Spielerfahrungen auszutauschen.

Jugendliche, die sich nicht kennen, vermeiden am Anfang den Körperkontakt. Sind sich die Spieler aber untereinander vertraut und herrscht eine gute Atmosphäre, setze ich die Partnerübung STATUEN BAUEN gern auch schon zu Beginn ein. STANDBILDER sind Jugendlichen eine große Hilfe, klassische Theaterstücke besser zu verstehen. Mit dem Standbild können Rollenbeziehungen und die Entwicklung von Charakteren verdeutlicht werden, indem sie in einem Bild darstellen, wie die unterschiedlichen Figuren zueinander stehen: »Haben sie eine enge Beziehung? Wer steht zwischen ihnen? Von wem wird die Intrige geplant? Und wer oder was hängt noch damit zusammen?«

➤ Die anderen Übungen aus dem Kapitel »Spielmaterial«, S. 70, können wie beschrieben auch in der Arbeit mit Jugendlichen angewendet werden.

Die szenische Arbeit mit Jugendlichen

Jugendlichen macht es Spaß, ihre Szenen selbst zu einem Stück zusammenzubauen, Lösungen für Übergänge auszuprobieren, wieder zu verwerfen und sich neue auszudenken. Damit die Jugendlichen realisieren, welche Bandbreite Theater haben kann, lasse ich sie in Kleingruppen zu dieser Fragestellung oder bestimmten Textstellen eigene Szenen erarbeiten. Für die Spieler ist es spannend, welche Antwort die andere Gruppe gefunden oder wie sie die Textstelle interpretiert hat. Die besten Ideen werden gesammelt und weiter bearbeitet. In der Kleingruppenarbeit können die Jugendlichen die Rollen untereinander tauschen oder auch einmal die Rolle der Leitung übernehmen und den anderen Spielern Rückmeldung zu ihrem Spiel geben. Aber das funktioniert nur mit Gruppen, die gut zusammen arbeiten.

Um den Blick der Jugendlichen und ihr Gespür für besondere Momente zu schulen, gebe ich *Beobachtungsaufträge*:

- Was erzählt die Szene? (Wie habe ich es verstanden?)
- Wie ist die Dynamik des Spiels?
- Welche Wirkungen und Bilder habe ich wahrgenommen?
- Wie ist die Beziehung der Figuren untereinander?
- Wie kann die Szene an das Stück/die Collage anknüpfen?
- Wo gibt es (spannende) Momente, die vertieft oder ausgebaut werden können?
- Wie wird der Raum und wie werden die verwendeten Requisiten oder Kostüme genutzt?
- Wie ist die Spielweise: Ist die Lautstärke in Ordnung? Hat der Spieler eine gute Präsenz oder fehlt sie? Was wirkt besonders eindrucksvoll/gar nicht und warum? Was hat sich von Szene zu Szene verändert?

Wenn Jugendliche merken, dass sie sich an der Entwicklung eines Theaterstücks selbst beteiligen können und sollen, öffnen sich oft viele Türen. Allerdings ich verlasse mich nicht darauf, dass der Wunsch nach Selbstverwirklichung auch außerhalb der Probe so stark ist wie mittendrin. Selbstgewählte Rechercheaufträge, Besorgungen oder organisatorische Aufgaben werden außerhalb der Probe manchmal vergessen. Ich nehme das nicht persönlich und kümmere mich selbst darum oder Unterstützer übernehmen diese Aufgaben.

In einer kurzen Probenzeit ist es schwer, jeden Spieler mit seinen Stärken und Talenten kennenzulernen. Daher bin ich aufmerksam für Albereien in der Pause, das Verhalten zum Anfang oder Ende der Probe. Das sind gute Anregungen, die ich gern in die Szenen einbaue oder ergänze, z.B. eine Musik für einen Szenenübergang, die ein Jugendlicher auf seinem Handy hört.

Die Aufführung mit Jugendlichen

Jugendliche bekommen Sicherheit in ihrem Spiel, wenn die Generalprobe bzw. ein Durchlauf am Tag der Aufführung gemacht wird. Sie tragen Verantwortung für das Gelingen der Aufführung – und das nicht nur auf der Bühne. Sie sind für Requisiten, Kostüme, Umbauten und, je nach Kompetenz, auch für die technische Einrichtung verantwortlich. Im Rahmen von Schulveranstaltungen kann man andere Schüler um Hilfe bitten, z.B. sich um den Karten- und Getränkeverkauf zu kümmern. Nach der Aufführung empfehle ich, ein Publikumsgespräch anzubieten. Es kann spannend für die Spieler sein, zu erfahren, welche Gedanken sie mit ihrem Spiel angestoßen haben.

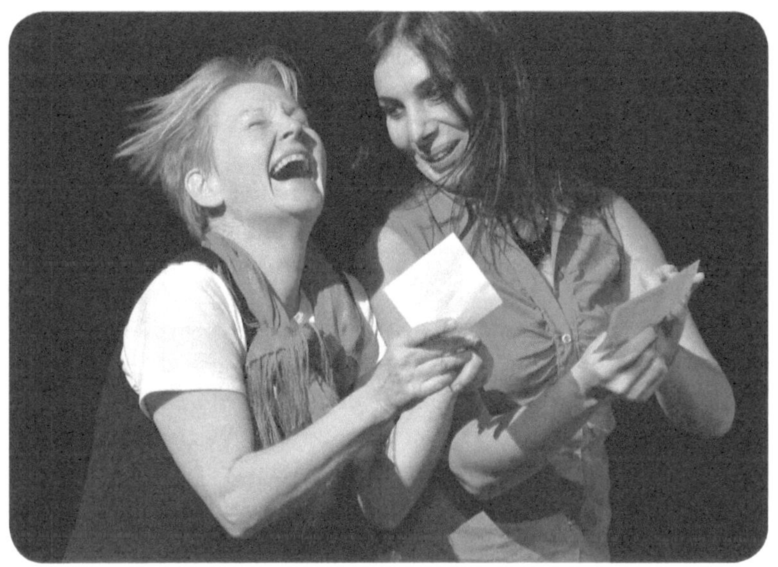

Theater (nicht nur) nach Feierabend – Theaterprojekte mit Erwachsenen

Theaterspielen in einer Amateurtheatergruppe

WER? Ein Gerücht, das ich immer wieder höre, ist: »Menschen zwischen 25 und 50 Jahren haben keine Zeit zum Theaterspielen!« Diesen Irrglauben widerlegt die große *Amateurtheaterszene* in Deutschland. Sie bereichert mit ihren Stücken die Theaterlandschaft. Der Bund Deutscher Amateurtheater e.V. (BDAT) zählt 2400 Theaterensembles zu seinen Mitgliedern, wobei der Großteil zur Altersgruppe der Erwachsenen gehört (www.bdat.info). Vor allem in ländlichen Regionen und Dorfgemeinschaften gibt es Freizeit-, Volks- und Mundarttheatergruppen, die eine treue Anhängerschaft haben. Für alle ist Theaterspielen ein fester Bestandteil in ihrer Freizeit.

WIE VIELE? Die Größe einer Amateurtheatergruppe ist ganz individuell. Sie kann sich an der Stückvorlage orientieren, die der Grund ist, warum die Spieler zusammenkommen, oder am Interesse, gemeinsam Theater zu spielen.

WO? Die Proben von Amateurtheatergruppen finden häufig in den Räumen von soziokulturellen Zentren im Stadtteil, in Räumen der Kirchengemeinde, in freien Theatern, in einer Schulaula oder auch in privaten Räumlichkeiten statt.

WANN? In der Regel sind die Spieler der Theatergruppen berufstätig, und daher finden die Proben meist am Abend oder am Wochenende statt.

WIE LANGE? Der Zeitraum für eine Probe mit Amateurtheaterspielern richtet sich nach den zeitlichen Kapazitäten der Spieler. Manche Gruppen treffen sich regelmäßig einmal in der Woche, und andere Gruppen proben in intensiven Phasen von sechs bis acht Wochen ihr Theaterstück, um es im Anschluss mehrmals aufzuführen.

WAS? Für Amateurtheatergruppen gilt: Es wird gespielt, was gefällt! Hier gibt es keine thematischen Begrenzungen – vor allem das eigene Interesse entscheidet.

WIE? Der Probenprozess in einer Amateurtheatergruppe folgt der klassischen Struktur eines Theaterprojekts, wie sie ab S. 51 beschrieben ist. Die Übungen ab S. 70 können ebenfalls wie beschrieben eingesetzt werden.

Theaterspielen in einem beruflichen Kontext

WER? Ein weiteres Arbeitsfeld für Theaterpädagogen ist der Bereich der Aus-, Fort- und Weiterbildung. Erwachsene lernen theaterpädagogische Spiele und Übungen kennen, die sie in ihrer beruflichen Praxis einsetzen können. Oder Unternehmen buchen Theaterpädagogen für Mitarbeiterschulungen, z. B. mit dem Ziel, die Zusammenarbeit im Team oder die Führungskompetenzen zu verbessern.

WIE VIELE? Für Schulungsveranstaltungen gilt: Je kleiner die Gruppe, desto intensiver ist die Trainingssituation für die Teilnehmer. Eine Gruppe mit acht bis zehn Teilnehmern ist ideal. Bei größeren Gruppen sollte der Theaterpädagoge im Team mit anderen arbeiten oder die Gruppe aufteilen.

WO? Seminare werden in privaten und öffentlichen Weiterbildungseinrichtungen (Akademien, Volkshochschulen), in Berufskollegs, Universitäten oder Fachhochschulen veranstaltet. Trainings werden von Unternehmen und Firmen gebucht und finden in den Räumen des Unternehmens selbst oder in externen Schulungsräumen (Hotels, Tagungshäuser) statt.

WIE LANGE? Die Dauer der Seminarveranstaltung orientiert sich an der Zielsetzung. Steht die Selbsterfahrung oder ein methodischer Input im Vordergrund, ist der Zeitrahmen kürzer. Für ein Training sind mehrere Tagesveranstaltungen notwendig. Wobei sich die genaue Anzahl der Stunden an den Bedürfnissen der Teilnehmer und oft auch am Budget des Auftraggebers orientiert. Je nach Umfang kann es sich um Halb- (Dauer: drei bis vier Stunden) oder Ganztagesveranstaltung (sechs bis acht Stunden) handeln.

WAS? Seminare und Trainings werden zu den folgenden Themen angeboten: Theaterpädagogische Methoden im beruflichen Alltag, Kommunikationstraining (Rhetorik, Atem- und Stimmtraining, Körpersprache, Präsenz, Auftritt), Interkulturelle und/oder soziale Kompetenz, Selbstbewusstseinstraining, Persönlichkeitsentwicklung, Umgang mit Nervosität und Lampenfieber, Teamentwicklung. Es gibt auch Inszenierungsprojekte, in denen Mitarbeiter zusammen ein Theaterstück entwickeln. Zu einer internen Aufführung werden die Kollegen und manchmal auch die Familie und Freunde eingeladen.

WIE? Das Ziel von Trainings und Schulungen orientiert sich an den Lernfeldern der Teilnehmer. Fühlen sich Mitarbeiter z.B. unwohl bei Vorträgen oder Präsentationen, dann können sie mit Hilfe schauspielerischer Stimm- und Sprechübungen gefördert werden. Oder gab es im Unternehmen eine Fusion von zwei Abteilungen, dann können die Angestellten im Rahmen einer Theaterveranstaltung lernen, besser zusammenzuarbeiten.

BESONDERHEITEN: Die Positionen, Hierarchien und Beziehungen in den Unternehmen wirken auch in den neutralen Raum der Theaterarbeit hinein. Wenn im Theaterspiel eine vertraute Stimmung entsteht, vergessen die Teilnehmer nicht, dass sie sozusagen »unter ständiger Beobachtung« stehen. Denn sie können die Konsequenzen und Auswirkungen von einem »nicht rollenkonformen Verhalten« oder der spielerischen Auseinandersetzung mit Problemen im Unternehmen nicht absehen. Die Teilnehmer agieren dann zurückhaltender und kontrollierter. Der Theaterpädagoge muss diese professionelle Distanz unter den Teilnehmern berücksichtigen. Bei Trainings, die innerhalb der Abteilungen oder gleicher Positionen (nur Lehrlinge oder nur Führungskräfte) stattfinden, fällt es den Teilnehmern manchmal leichter, aus ihrer gewohnten Rolle herauszutreten und sich für neue Erfahrungen zu öffnen.

Der Beginn eines Theatertrainings mit Erwachsenen

Zu Beginn eines Theaterseminars wird Folgendes festgelegt:

- *die gegenseitige Anrede*: In der Theaterarbeit ist ein »Arbeits-Du« üblich, das nur mit dem Einverständnis aller eingeführt werden kann. Bei internen Unternehmensveranstaltungen kommt es aber auch vor, dass die Teilnehmer lieber bei der offiziellen Anrede (Herr/Frau und »Sie«) bleiben.
- *organisatorische Fragen*: Wann beginnen wir? Wann endet eine Einheit? Wann ist Pause? Wann dürfen Handys benutzt werden? Es kann sinnvoll sein, vorher auch eine Kleiderordnung für das Training festzulegen, um den Spielern den Schritt aus ihrer gewohnten Business-Etikette zu erleichtern.
- die *Regeln der Zusammenarbeit*: Auch in Erwachsenengruppen müssen Regeln vorher festgelegt werden, z.B. Diskretion, Respekt, Pünktlichkeit. Wenn ich zu einem späteren Zeitpunkt den Appell ausspreche: »Bitte pünktlich aus der Pause zurück sein!«, trifft diese Aufforderung auf gefestigte Strukturen, und ich muss mehr Energie aufwenden, bis die Gruppe sie auch umsetzt.
- der Inhalt und das *Ziel der Veranstaltung*: Der Theaterpädagoge stellt die Inhalte des Seminars vor und entwickelt mit den Teilnehmern gemeinsame Ziele für die Veranstaltung. Die Übungen werden dann entsprechend angepasst.

Raum, Kreis, Standbild – Spielmaterial für Erwachsene

In einer Veranstaltung, z.B. zum Thema »Körpersprache«, konzentrieren sich alle Übungen auf die Wahrnehmung des Körpers und den bewussten Einsatz der Bewegung von den verschiedenen Körperteilen.

(Rollen-)Spielsituationen in Seminaren haben nicht das Ziel, schauspielerische Fähigkeiten zu erlernen, sondern dienen der Erprobung und dem praktischen Lernen zum Umgang mit der Sprache des Körpers. Als Zuschauer schulen die Teilnehmer ihr Bewusstsein für den Einsatz nonverbaler Signale und die Wahrnehmung von Wirkungen. Ein Raumlauf mit dem Fokus *auf den Bewegungen des Körpers* sensibilisiert die Teilnehmer.

Es folgt eine Beschreibung des Einstiegs in einen Raumlauf in der offiziellen Anrede: »In der nächsten Übung möchte ich Sie bitten, sich durch den Raum zu bewegen. Bitte lenken Sie Ihre Aufmerksamkeit ganz auf Ihre Bewegungen. Unser Körper verfügt über viele verschiedene Ausdrucksformen. Hören Sie auf meine Stimme und lernen Sie Ihre Bewegungen neu kennen. …«

Nach dem Raumlauf moderiere ich die Rückmeldung mit folgenden Fragen:

- Was haben Sie wahrgenommen?
- Wo lag der Schwerpunkt Ihrer Bewegungen?
- Waren Ihnen die Bewegungen vertraut?
- Was hat sich ungewohnt angefühlt?
- Wie können Sie diese Erfahrung in Ihrem beruflichen Alltag einsetzen?

Ein *Platzwechselspiel* oder ein *Impulskreis* – anmoderiert als Warm-up, als Eisbrecherspiel zur Auflockerung oder gegen das Tief nach der Mittagspause – lockern die Atmosphäre in Trainings auf.

Körperkontakt gehört im beruflichen Kontext zu einem unausgesprochenen Tabu. Der Theaterpädagoge muss darauf Rücksicht nehmen und seine Methoden entsprechend anpassen. Der Spieler sollte stets selbst entscheiden können, ob er Berührungen zulässt oder nicht. Mit STANDBILDERN lassen sich gut Situationen aus dem beruflichen Alltag ohne Berührungen nachbauen. Die Spieler stellen selbst eine Situation nach, z.B. den Kontakt mit Kunden oder die Zusammenarbeit im Team. In einem Standbild können sie sich in die Rolle einfühlen und gleichzeitig auch das Bild von außen betrachten: Wie wirkt es auf mich? Wie verändert sich das Bild, wenn die Akteure ihre Körperhaltung verändern?

Besonderheiten der Arbeit im Unternehmenskontext

Wenn der Theaterpädagoge von einem Unternehmen angefragt wird, um mit den Mitarbeitern ein Theaterstück zu entwickeln, ist vorher ein sogenanntes »Briefing« wichtig. Im Vorgespräch werden Zielsetzung und Rahmenbedingungen genau festgelegt und vertraglich festgehalten, z. B.: Steht für das Unternehmen die Entwicklung eines künstlerischen Produkts im Vordergrund oder liegt der Fokus darauf, mit Methoden des Theaters Konflikte zu lösen und Teams zusammenzuführen? Beides sind zwei unterschiedliche Zielrichtungen, die miteinander verknüpft werden können, aber verschiedenartige Kompetenzen und Voraussetzungen von dem Theaterpädagogen fordern. Auch die jeweiligen Rahmenbedingungen müssen sich daran orientieren. So können innerhalb eines Theaterprojekts Konflikte unter den Teilnehmern entstehen. Wenn es Streitigkeiten sind, die aufgrund der Probenarbeit entstehen, dann kann der Theaterpädagoge sie lösen. Liegen aber die Wurzeln des Konflikts in den Strukturen des Unternehmens, muss er abwägen:

- Habe ich überhaupt den Auftrag und die Befugnis, den Konflikt zu lösen?
- Besitze ich die nötige Kompetenz und Qualifikation, z. B. in Mediation und Coaching, um dieses Problem zu lösen?
- Lässt sich unter den gegebenen Umständen die Theaterarbeit fortsetzen?
- Wie viel Zeit benötigt die Gruppe, die aufgebrochenen Konflikte zu klären? Setze ich dafür Probenzeit ein, oder wird eine Zeit außerhalb der Proben vereinbart?
- Kann ich das angestrebte Ziel (das Theaterstück) trotz der Verzögerungen noch erreichen?
- Wer ist an meiner Seite, um mich bei der Konfliktklärung zu unterstützen? An wen übergebe ich die Verantwortung, wenn ich feststelle, dass die Klärung nicht in meine Zuständigkeit fällt?

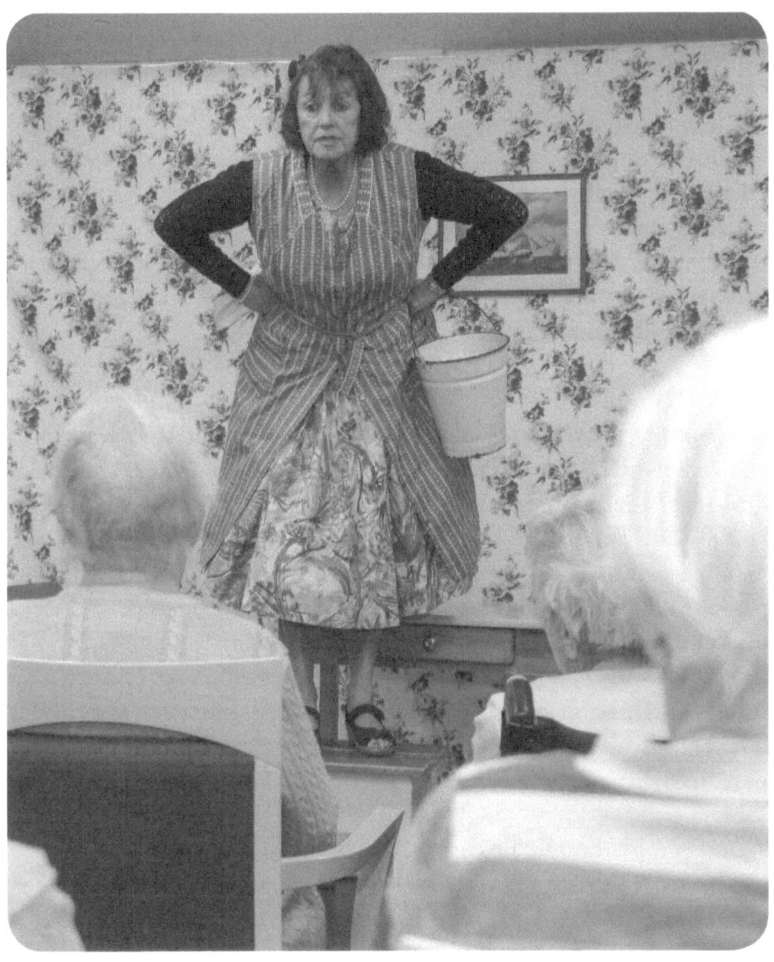

Gelebte Erinnerung – ältere Menschen auf der Bühne

WER? In Theatergruppen mit Älteren kommen Menschen im Alter von 50 bis 100 Jahren (vielleicht sogar noch älter) zusammen. In dieser großen Zeitspanne haben die Spieler unterschiedliche Bedürfnisse: Die *aktiven Älteren*, die Senioren oder die »Generation 50plus« – sie wollen ihre freie Zeit des Rentendaseins sinnvoll füllen. Trotz der ersten altersbedingten Einschränkungen nehmen sie rege und engagiert am gesellschaftlichen Leben teil. Manche entdecken dabei das Theaterspielen als Lebensinhalt für sich (wieder) und bringen viel Interesse für neue Erfahrungen mit.

Zu einer weiteren Gruppe der Älteren gehören körperlich eingeschränkte und/oder *hochaltrige Menschen*, die auf Unterstützung oder Pflege angewiesen sind. Vielleicht leben sie in einer Senioreneinrichtung und sind von einer altersbedingten Erkrankung (Demenz, Schlaganfall, Diabetes) betroffen. Sie besitzen einen großen Schatz an Erinnerungen und Lebenserfahrungen, der in der Theaterarbeit zum Ausdruck kommen kann.

WIE VIELE? Ähnlich wie in Amateurtheatergruppen ist die Gruppengröße mit *aktiven Älteren* ganz individuell ausgerichtet. Sie kann sich an den äußeren Bedingungen, z. B. den Räumlichkeiten, der Dauer des Projektes, oder inhaltlichen Vorgaben wie dem Thema, der Stückvorlage etc., orientieren.

In Theatergruppen mit *Hochaltrigen* oder mit Menschen mit körperlichen Einschränkungen empfehle ich eine Gruppengröße von sechs bis acht Spielern. Mit einer Gehhilfe (Stock oder Rollator) oder mit einem Rollstuhl vergrößert sich der Bewegungsradius des Einzelnen im Raum. Gleichzeitig sind Ältere oft durch Einschränkungen des Hörens oder Sehens betroffen. Eine große Gruppe erschwert die Kommunikation zusätzlich.

WO? Seniorentheaterclubs oder Altentheatergruppen an staatlichen und freien Theater laden *aktive Ältere* zum Spielen und Inszenieren von Theaterstücken ein. In Seniorennetzwerken, Seniorenbüros, Kirchengemeinden, in Soziokulturellen oder Stadtteil-Zentren werden Theatergruppen für Ältere angeboten. Oft gründen die Spieler Vereine und organisieren selbst Räumlichkeiten in sozialen oder kulturellen Einrichtungen für die Proben.

Theatergruppen für *Hochaltrige* werden meist in Einrichtungen der Altenpflege oder Seniorentagesstätten angeboten. Seltener gibt es auch Theaterprojekte für Hochaltrige in Theatern oder anderen kulturellen Einrichtungen. Nicht immer kann in einer Einrichtung die Barrierefreiheit der Räume gewährleistet werden. Gleichzeitig stellt der Weg zur Probe eine weitere Hürde dar, die bei der Organisation des Theaterprojekts mit Hochaltrigen berücksichtigt werden muss.

Über die Schulter geschaut: In einem Theaterprojekt mit Hochaltrigen können Kleinigkeiten zu unüberwindbaren Hürden werden. Zum Beispiel kann der Weg von der Haltestelle (Bus und Straßenbahn) zum Theater für einen hochbetagten Menschen körperlich anstrengend sein. Denn Bordsteine, Kopfsteinpflaster und Baustellen werden schnell zur Herausforderung für Rollstuhl und Rollator. Wenn der Probenraum oder die Toiletten auf einer anderen Etage liegen, ist ein Aufzug notwendig. Ist er defekt, dann muss eine andere Lösung gefunden werden – ansonsten muss die Probe ausfallen.

WANN? Für alle Älteren gilt meistens: Die Veranstaltung darf nicht zu spät in den Abend hineingehen. Nicht nur die Konzentration und Ausdauer sind am Vor- oder Nachmittag besser, sondern auch die Bedenken wegen der Dunkelheit beeinträchtigen den Spieler.

In Pflegeeinrichtungen orientiert sich das Theaterangebot am Tagesablauf des Hauses. In der Regel ist 16 Uhr eine gute Uhrzeit. Das Kaffeetrinken ist dann oft schon vorbei und das Abendessen noch weit genug entfernt.

WIE LANGE? In der Probe mit *aktiven Älteren* habe ich die Erfahrung gemacht, dass zwei Stunden ein guter Zeitraum für eine konzentrierte Theaterarbeit sind. Wenn die Probe noch weiter geht, ist eine Pause notwendig.

In der Theaterarbeit mit *Hochaltrigen* empfehle ich je nach Tagesform der Spieler eine Probe von maximal 60 Minuten; dann sollte eine Pause gemacht werden. Je nach Einschränkungen ist die gesamte Einheit auf zwei Stunden zu begrenzen. Besser die Probenzeit kürzer halten. Ältere Menschen können nach der einen Stunde häufig schon »genug haben«. Wenn es dagegen gut läuft, kann man auch noch einmal zwanzig Minuten anhängen.

WAS? *Aktive Ältere* lieben Komödien, Volkstheater- und Mundartstücke, Boulevard und Kabarett, aber auch biografisch orientierte Stücke, in denen ihre Lebensgeschichten mit gemeinsamen Erfahrungen szenisch verknüpft werden. Neben Szenencollagen zu diesen Themen lassen sich auch Inszenierungen mit klassischen Theatertexten (in Verbindung mit chorischen Theater-, Tanz- und Bewegungselementen) mit der Zielgruppe gut umsetzen.

Für Projekte mit *Hochaltrigen* kann der Theaterpädagoge zeitliche Anlässe (Feiertage, Feste, Bräuche) oder biografisch-lebensweltorientierte Themen (Urlaubsreisen, Familie, Berufstätigkeit) auswählen. Wenn diese Lebenserfahrungen der Spieler einbezogen werden, dann fällt es den Teilnehmern leichter, an die Themen anzuknüpfen.

ZUSCHAUER? In Aufführungen von Älteren sind neben der Familie und dem sozialen Umfeld (Nachbarn, Freunde und Bekannte) oft Ältere zu finden. Sie fühlen sich von den Themen der Theaterstücke und besonders den biografischen Inhalten angesprochen.

Sitzen auch Hochaltrige im Publikum, dann müssen Seh- und Höreinschränkungen berücksichtigt werden, z.B. im Spiel, in der Stuhlanordnung oder mit einer Begrenzung der Zuschauerzahl.

WIE? In den Proben geht es nicht um das Verstecken des Alters, sondern das Hervorbringen einer damit verbundenen theatralen Qualität. Ältere besitzen eine besondere, vom Alter geprägte Körperlichkeit und auch eine Gelassenheit des gelebten Lebens. Sie verfolgen oft mit Leidenschaft das Theater und knüpfen auch außerhalb der Proben an die Gruppe oder an die Einrichtung an. Sie übernehmen zum Beispiel organisatorische Aufgaben, leiten Führungen durch das Theater, in dem sie spielen, oder geben selbst Workshops.

In der Probe tragen die Spieler eine Mitverantwortung für sich und ihre körperlichen Grenzen. Denn sie wissen am besten, wie weit sie sich nach oben oder unten recken können, wann sie einen Stuhl brauchen, weil sie sich wegen Rückenproblemen nicht auf den Boden setzen können, oder wann sich ihr Bedürfnis nach einer zusätzlichen Pause meldet. In Theatergruppen mit *aktiven Älteren* achte ich verstärkt auf das Einhalten von Gesprächsregeln, um ein tolerantes Miteinander zu erhalten. Ich frage bei Pauschalisierungen genau nach, z.B.: »Was hat dir nicht gefallen?« oder »Welche Empfehlung hast du?«. Ansonsten lassen sich die Übungen (➤ ab S. 70) und die Projektphasen mit aktiven Älteren genau wie beschrieben umsetzen. Auf der Suche nach den besonderen Momenten unterscheidet sich der Anfang in der Gestaltung nicht von der Probe mit einer Erwachsenentheatergruppe.

Besonderheiten: In Theatergruppen mit *Hochaltrigen* sind die Bewegungsmöglichkeiten und Konzentrationsspannen der Spieler individuell ganz unterschiedlich. Wenn ein hochaltriger Mensch seine Grenzen zu stark spürt, kann es passieren, dass er aus dem Spielprozess aussteigt (»Das kann ich nicht mehr!«) und die weitere Teilnahme verweigert (»Frag lieber die anderen, die können das besser als ich!«). Die Anleitung und das Einstiegslevel der Übungen sollten sich an der Tagesform der Spieler orientieren. Das gelingt durch einen niederschwelligen Einstieg und einen kleinschrittigen Aufbau der Probe. Eine Unterbrechung des Spiels und ein Innehalten im Agieren sollten möglich sein. Die Aufgabe des Theaterpädagogen ist es dann, den Faden nach der Unterbrechung wieder aufzunehmen und die Teilnehmer zurück ins Spiel zu begleiten, z. B. durch eine Wiederholung der Spielaufgabe oder die erneute Erklärung der Situation (»Wo waren wir stehen geblieben?«).

Für die Spieler kann ein Theaterprojekt zu einer Bereicherung oder sogar zu einem wichtigen Bestandteil in ihrem Alltag werden. Der Austausch vor und nach der Probe sowie in den Pausen ist für die Spieler sehr wichtig. Deshalb muss ich darauf achten, dass der zeitliche Rahmen eingehalten wird. Über die Proben hinaus wird durch den gemeinsamen Besuch von Theaterstücken der soziale Kontakt ausgebaut.

In einem Theaterprojekt mit *Hochaltrigen* können Profi-, Amateurschauspieler, spielfreudige Betreuer, Angehörige oder Ehrenamtliche als *Spielbegleiter* fungieren. Sie sind Impulsgeber und Begleiter im Theaterspiel:

- Sie wiederholen im direkten Kontakt noch einmal die Anmoderation, wenn etwas nicht verstanden wurde.
- Sie ermöglichen einen Einstieg in die Szene.
- Sie helfen den Spielfaden wieder aufzunehmen, wenn er zum Beispiel durch eine Störung verloren gegangen ist.

Der Probenbeginn in einer Theatergruppe mit Hochaltrigen

Die Proben mit Hochaltrigen beginnen in einem Stuhlkreis. Der Theaterpädagoge sollte bei der Sitzordnung bedenken: Welche Spieler hören oder sehen nicht gut und sollten deshalb besser neben ihm sitzen? Durch ein Namensschild (aus Kreppklebeband) werden der Vorname und die »Du«-Anrede eingeführt. Das Namenschild gibt es in Theatergruppen mit Hochaltrigen nicht nur zum ersten Termin, sondern auch bei jedem weiteren Probentag. Es dient als Ritual und auch als

Gedächtnisstütze für die Spieler. Darauf folgt eine Begrüßungsrunde, in der ein Gegenstand mit den Worten: »Liebe/r ... Herzlich willkommen zum Theaterspielen!« an den rechten Nachbarn weitergereicht wird. Ich nehme hierfür gern ein Perlsacktier (ein mit Granulat gefülltes Stofftier), es kann aber auch ein Ball oder ein anderer Gegenstand verwendet werden. Wenn der Gegenstand wieder bei mir angekommen ist, dann nehme ich ihn und werfe ihn einem Spieler aus dem Kreis zu. Auch wieder mit den Worten: »Liebe/r ... Herzlich willkommen zum Theaterspielen!« Das Zuwerfen folgt keiner festgelegten Reihenfolge, und jeder Spieler darf mehrmals werfen.

Als *Impuls zum Spieleinstieg* wähle ich z.B. Requisiten (Koffer, Stühle, Telefone), Fotos (Bilder, Urlaubspostkarten), Musik (Walzermusik, Marschmusik, Schlager) oder reagiere auf Dinge, die Spieler in der Probe erzählen, oder Handlungen, die sie ausführen. Dieser Impuls kann die verschiedenen Sinnesebenen ansprechen und ein Einstieg zu einer improvisierten Szene sein. Wenn Spieler aus der Gruppe gerne wandern gegangen sind, könnte dies z.B. zum Thema einer Theaterprobe werden. Als *Impuls* kann man ein entsprechendes Lied hören oder singen, einen Rucksack als Requisit einführen oder Fotos von verschiedenen Wanderregionen betrachten. Die Spieler sollten ausreichend Zeit bekommen, die Impulse mit allen Sinnen zu erfassen (anschauen, berühren, untersuchen). Die Dauer geben die Spieler vor.

Nach der Einführung des Impulses folgt die *Spielphase*, in der szenisch zum Thema gearbeitet wird. Eine Spielsequenz kann nur wenige Minuten dauern oder sich über einen Zeitraum von einer Viertelstunde hinziehen. Ich fungiere dabei als Bindeglied und Vermittler zwischen den einzelnen Impulsen.

Ähnlich wie zum Beginn der Theaterprobe sollte auch *zum Abschluss* ein festes Ritual eingeführt werden, zum Beispiel eine bekannte Melodie vom Band, ein Gedicht oder das Singen eines Abschlussliedes. Nach dem *Schlussapplaus* verabschiede mich persönlich von jedem Teilnehmer und nehme ihm das Namensschild wieder ab.

Raum, Kreis, Standbild – Spielmaterial für Theatergruppen mit Hochaltrigen

In der *Anleitung* von Spielen und Übungen für hochaltrige Spieler ist zu beachten: Der Theaterpädagoge muss deutlich artikulieren und die Lautstärke dem Hörvermögen der Spieler anpassen – wenn nötig langsam sprechen, damit sie es von den Lippen ablesen können. Kurze und deutliche Sätze sind leichter zu verstehen. Gleichzeitig sollten Handlungsanweisungen in Einzelschritte unterteilt werden. Mimik und Gestik kann zur Verstärkung der sprachlichen Inhalte helfen. Äußerungen sollten wiederholt werden, statt immer wieder neue Formulierungen zu suchen. Negativformulierungen, Verständnisfragen und Deutungsversuche sollten vermieden werden, da dies zu Missverständnissen und Unsicherheit führen kann. In der Anmoderation ist es besser, geschlossene Fragen zu verwenden, die mit »Ja« oder »Nein« beantwortet werden können (»Hast du Lust, den Schaffner zu spielen?«). Einfache W-Fragen erleichtern die Kommunikation: »Wohin soll die Reise gehen?« Bei Entscheidungsfragen sollten Wahlmöglichkeiten direkt aufgezeigt werden: »Möchtest du lieber ans Meer oder in die Berge fahren? Wen möchtest du anrufen? Vielleicht eine Freundin oder eine Bekannte?« oder: »Wohin sollen wir heute Abend ausgehen? Ins Kino oder ins Restaurant?«

Ein *Raumlauf* ist aufgrund der körperlichen Einschränkungen der Teilnehmer nur bedingt möglich. Viele Bewegungen lassen sich sitzend im *Kreis* oder auch hinter dem Stuhl stehend machen. Die Spieler können sich bei Bedarf an der Lehne abstützen.

Beim Bauen von STANDBILDERN sollte immer ein Stuhl als Hilfsmittel zur Verfügung gestellt werden.

Bei Theatergruppen mit *Hochaltrigen* kann der Kreis zu einer interaktiven Bühne werden, bei dem alle Spieler einbezogen werden. Sie agieren von ihrem Platz im Kreis oder bewegen sich zwischen den anderen Spielern. Die Kommentare oder Ideen der Zuschauer werden aufgegriffen und direkt in das Spiel einbezogen. So sind alle am Geschehen beteiligt. Diese starke Nähe zum Spielverlauf erleichtert es den Teilnehmern (besonders mit Hör- und Sehbeeinträchtigungen), dem Geschehen auf der Bühne zu folgen. Jede Szene wird mit einem Applaus und einer Würdigung der einzelnen Rollen beendet. Nach der Szene wird über das Gesehene gesprochen; oft entwickelt sich daraus wieder eine neue Spielszene.

Die szenische Arbeit mit Hochaltrigen

In der Entwicklung eines Theaterstücks können hochaltrige Menschen Schwierigkeiten haben, sich den Text und den gesamten Ablauf des

Stücks zu merken. Daher empfiehlt sich eine Theaterarbeit auf der Basis von Improvisation, der Biografie und den Ressourcen der Spieler. Das können zum Beispiel Volkslieder, Gedichte oder Verse sein, die sie noch von früher kennen. Aus dem gesammelten Material wird ein Theaterstück oder eine Szenencollage entwickelt. *Spielbegleiter* sorgen in der Rolle des Mitspielers für szenische Einstiegsimpulse. Sie behalten auch die Übergänge und den dramaturgischen Ablauf im Blick.

Im Theaterspiel sollten Hochaltrige *im Hochstatus* angespielt werden. Damit ist das Machtgefälle in der Beziehung zwischen zwei Figuren gemeint. Im Hochstatus werden Personen von hohem Rang (König) und im Tiefstatus Personen von niederem Rang (Untergebene) gespielt. Der Spielbegleiter nimmt dabei die Rolle im Tiefstatus ein. Sie unterstützen ihren Spielpartner und begleiten ihn mit positiver Resonanz durch die Szene. In der Rolle des Experten fühlt sich der hochaltrige Spieler sicher zu agieren, und es kann ein angstfreier Raum entstehen. Dabei ist es die Aufgabe des Theaterpädagogen, den Überblick zu behalten und als Vermittler zwischen den Spielern zu wirken, damit Spielimpulse nicht verloren gehen.

Über die Schulter geschaut: In der szenischen Arbeit mit Hochaltrigen haben ich gute Erfahrungen mit dem Einsatz der *Grundregeln des Improvisationstheaters* (nach Keith Johnstone) gemacht. Dazu gehören: Ja-Sagen (Akzeptieren statt Blockieren), Zusammenarbeiten (sich vom Handeln der Mitspieler inspirieren lassen), Spontanität (das Nächstliegende aufgreifen), Präsenz (nicht die Szene vorausplanen) und der Mut zum Scheitern.

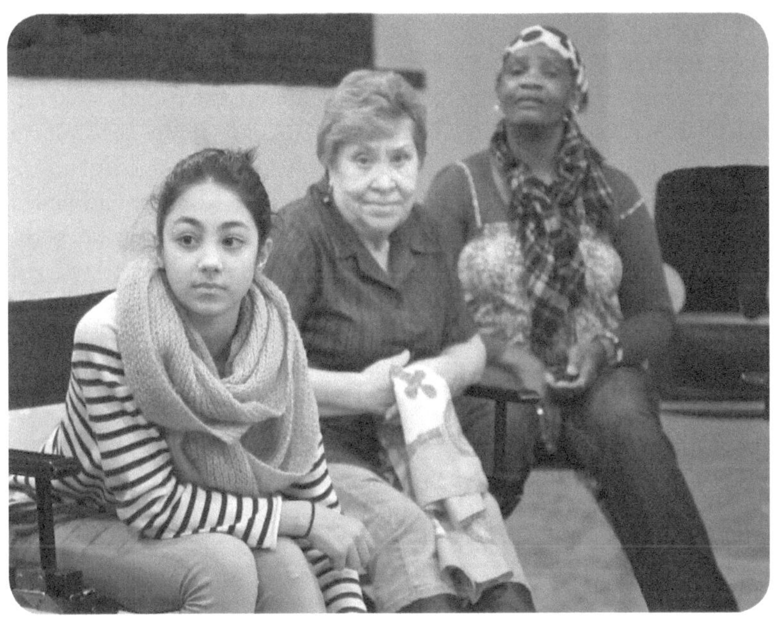

Theater als Brückenbauer – verschiedene Zielgruppen gemeinsam auf der Bühne

WER? Das Theaterspielen schafft Begegnung, nicht nur innerhalb der Zielgruppe. Es bringt auch Menschen zusammen, die sich (außerhalb der Familie) eher selten begegnen. Ich denke dabei nicht nur an junge und ältere Menschen, sondern auch an Menschen aus verschiedenen Milieus, Kulturen oder auch mit und ohne Einschränkungen. In einem Theaterprojekt kann jeder seinen Platz finden, indem er sich mit seinem Wesen, seinen Fähigkeiten, Erfahrungen und auch mit seinen Vorlieben und Eigenarten einbringt. Einschränkungen durch Körper, Geist, Sprache oder strukturelle Bedingungen werden zum Ausgangspunkt der szenischen Arbeit. Auf der Suche nach einer gemeinsamen Ausdrucksform agieren die Spieler auf Augenhöhe, entdecken Ähnlichkeiten und thematisieren Unterschiede. In der Entwicklung eines Theaterstücks werden sie zu aktiven Gestaltern, die in Beziehung zueinander treten und Erfahrungen sammeln, die über das Theaterprojekt hinaus wirken können.

In diesen Projekten haben die Teilnehmer die Möglichkeit, sich von einer anderen Seite kennenzulernen: Ein junger Mensch erlebt einen Älteren, nicht als belehrend, sondern als humorvollen und verständnisvollen Spielpartner, der die Sorgen und Zukunftsängste des anderen aus seiner eigenen Jugendzeit kennt. Menschen aus verschiedenen Kulturen kommen über das Theaterspielen leichter in Kontakt und finden gemeinsam neue Ausdrucksmöglichkeiten. Ein Mensch mit körperlichen Einschränkungen, der im Alltag immer wieder vor Barrieren und unüberwindbaren Hürden steht (weil er mit seinem Rollstuhl nicht in die Straßenbahn kommt, Schilder nicht lesen oder sich mit Worten nicht verständigen kann), erlebt sich auf der Bühne nicht als hilfsbedürftiges Wesen, sondern als tatkräftiger Gestalter.

WAS? Ein Theaterstück kann sich aus einem Thema oder einer Stückvorlage entwickeln, in der es Schnittstellen gibt zu:

- den *Besonderheiten der Gruppe* (unterschiedliche Herkunftsländer oder Altersstufen)
- den *Geschichten und Biografien der Einzelnen* (»Was bedeutet Unabhängigkeit für mich?«)
- oder zu *gemeinsamen Erlebnissen*, z. B. dem ersten Schultag, der ersten Wohnung, der ersten Liebe.

Um in einen spielerischen Austausch zu kommen, empfehle ich eine Gruppengröße von 10 bis 16 Spielern. In einer kleineren Gruppe gelingt eine intensivere Auseinandersetzung.

WO? Theaterprojekte mit unterschiedlichen Zielgruppen werden in kulturellen oder sozialen Einrichtungen veranstaltet. Meist kooperieren zwei Gruppen (Jugendclub und Seniorentheaterclub) oder mehrere Einrichtungen (ein Theater, eine Schule und eine Werkstatt für Menschen mit Behinderung). Je nach Zielgruppe muss bei der Wahl des Ortes die Barrierefreiheit des Raumes (Anbindung an öffentliche Verkehrsmittel, Aufzug, Rampe, Toilette usw.) beachtet werden.

WANN? Wird das Projekt im Freizeitbereich veranstaltet, müssen die Schul- oder Arbeitszeiten der Teilnehmer berücksichtigt werden. Generell ist der frühe Abend oder das Wochenende passend. Ein Mehrgenerationenprojekt mit älteren und jungen Menschen kann auch am

Nachmittag stattfinden. Seltener findet ein Projekt am Vormittag statt (während der Schul- oder Arbeitszeit). Für die Dauer der Probe muss ein Zeitraum gefunden werden, der sich an den unterschiedlichen Bedürfnissen der Spieler orientiert. Zwei bis drei Stunden (inkl. Pause) sind eine gute Zeitspanne für eine wöchentliche Probe.

Die Herausforderung besteht darin, trotz Hemmungen, Berührungsängsten oder Vorurteilen Menschen für das Projekt zu gewinnen. Am besten geht es natürlich über das Theaterspielen. Menschen, die schon Theatererfahrungen mitbringen, lassen sich leichter für neue Konstellationen mit anderen Zielgruppen begeistern.

Für Spieler ohne Vorerfahrungen muss der Theaterpädagoge zum *Brückenbauer* werden: In Vor- oder Einzelgesprächen trifft er sich mit den Spielern zum Kennenlernen, Fragen beantworten (»Wie soll ich denn einen Menschen, der nicht sehen kann, ansprechen?«) und Ängste nehmen (»Wie soll ich mit anderen Theater spielen, wenn ich kein Englisch sprechen kann?«). Der Theaterpädagoge sollte die Neugier auf das gemeinsame Projekt wecken und den Spielern den Druck nehmen, »alles richtig« machen zu müssen. Ein Kennenlern-Workshop mit einzelnen Zielgruppen (in einem Mehrgenerationenprojekt: nur mit Kindern oder nur mit Älteren) kann vor Projektbeginn angeboten werden. Im zweiten Schritt findet die Zusammenführung beider Gruppen statt.

WIE? Wie in allen theaterpädagogischen Projekten ist es wichtig, für eine gute Arbeitsatmosphäre zu sorgen – damit wird leichter die Bereitschaft geweckt, sich aufeinander einzulassen. In der Anleitung der Spiele und der Übungen sind Geduld, Einfühlungsvermögen und ein Augenmerk auf die unterschiedlichen Besonderheiten der Spieler gefragt. Übungen müssen so verändert werden, dass alle Spieler daran teilnehmen können. Für den Theaterpädagogen ist es eine Hilfe, *vor Probenbeginn* mit den Spielern zu vereinbaren, wie die Theaterarbeit funktionieren kann, z. B.:

- Wird ein Dolmetscher benötigt? Übernimmt diese Aufgabe eine externe Person oder kann ein Spieler aus der Gruppe diese Aufgabe übernehmen?
- Braucht der Spieler Sichtkontakt zu meinen Lippen, um die Anweisungen ablesen zu können?
- Welche Signale und Kommandos verstehen alle?
- Welche Probensprache soll es sein: Deutsch oder Englisch?

In *Brücken*-Projekten mit Menschen mit und ohne Einschränkung empfiehlt sich auch der Einsatz von *Spielbegleitern.* ➤ Mehr dazu erfahren Sie auf S. 113 im Abschnitt »Besonderheiten«.

Der Beginn einer Theaterprobe mit verschiedenen Zielgruppen

Rituale, ein kleinschrittiger Aufbau und niederschwellige Übungen berücksichtigen die individuellen Anforderungen und Bedürfnisse der Spieler. Auch hier appelliere ich an die Selbstverantwortung der Spieler. Wenn sie in einer Übung an ihre Grenzen kommen, dann bitte ich, dies zu kommunizieren. Dabei achte ich darauf, dass vielmehr kein Dialog darüber entsteht, was alles nicht geht, sondern was die Spieler gut können, was sie gerne machen oder ausprobieren möchten. Gemeinsam können Lösungen gefunden und Barrieren (vor allem die im Kopf) überwunden werden. Dafür kann das Theaterspielen einen Rahmen geben.

Raum, Kreis, Standbild – Spielmaterial für Theatergruppen mit verschiedenen Zielgruppen

Die Übungen orientieren sich generell an der Person, deren Einschränkungen am größten sind. Wenn ein Spieler im Rollstuhl am Projekt teilnimmt, dann kann er nicht mitmachen, wenn die Teilnehmer sich bei einem Fangspiel gegenseitig durch die Beine krabbeln sollen. Entweder wähle ich eine andere Übung aus oder verändere die Aufgabe so, dass alle mitmachen können – z. B. rutschen die Spieler nicht durch die Beine, sondern umrunden einander.

In der Anleitung eines *Raumlaufs* von Gruppen, die nicht hören oder keine gemeinsame Sprache sprechen, verzichte ich auf Zwischenkommentare. Ich gebe nur Anweisungen, wenn der Blickkontakt zu allen Spielern besteht oder ein Dolmetscher die Anweisungen übersetzen kann. Auch bei Rückmeldungen achte ich darauf, dass erst alle Spieler zusammenkommen, Blickkontakt haben und Aussagen wiederholt oder übersetzt werden. Meist bedarf es nur kleiner Veränderungen von Spielen und Übungen (die zielgruppenorientierte Ansprache oder mehrere Wiederholungen), und schnell zeigt sich, dass die Spielfreude sich nicht einschränken lässt.

Die szenische Arbeit mit unterschiedlichen Zielgruppen

In den Proben zu einem Theaterstück mit unterschiedlichen Zielgruppen sollten die Unterschiedlichkeiten, Besonderheiten und die *Einzigartigkeit* der unterschiedlichen Spieler beachtet, unterstützt und einbezogen werden. Sie können im Stück wie folgt zum Ausdruck kommen, z. B. durch:

- die Sprachvielfalt in einer Gruppe mit verschiedenen Nationen,
- die dynamische Bewegung eines Rollstuhls,
- die Ästhetik der Gebärdensprache,
- ein Dialog mit dem Körper, ohne Sprache,
- die Gemeinsamkeiten und Unterschiede von jungen und älteren Menschen, die zusammen auf das Leben (zurück)blicken.

	Kinder	Jugendliche	Erwachsene (Amateure)
Wer?	ab 3 Jahren	von 12 bis 20 Jahren	von 25 bis 50 Jahren
Wie viele?*	6 bis 8 Teilnehmer bis in das Grundschulalter, 8 bis 14 Teilnehmer ab der Grundschule	8 bis 14 Teilnehmer	individuell 8 bis 16 Teilnehmer
Wo?	Kindertagesstätten, Schulen, Ganztagesbetreuung, Theater, Vereine	Schule, Jugendclub, Theater, Jugendeinrichtungen, Freizeiten, Vereine	Räume bei freien Bühnen, Vereinen, soziokulturellen Zentren oder Kirchengemeinden
Wann?	am Vor- und Nachmittag oder während der Schulzeit	am Nachmittag oder im Rahmen von Schulprojekten auch vormittags	abends oder am Wochenende
Wie lange?	3 bis 6 Jahre: 30 bis 60 Minuten, ab 6 Jahre: 60 bis 90 Minuten, meist fortlaufende Kurse / Projekte	ab 90 Minuten, Projektwoche, Tagesworkshop, fortlaufende Kurse / Projekte	ab 90 Minuten, Tagesworkshop, fortlaufende Kurse / Projekte
Was?	Themen aus der Kinderliteratur, Märchen, Fantasiewelten, Formen, Farben, Gefühle, Maskenspiel, Objekttheater, Schattenspiel usw.	persönliche oder gesellschaftliche Themen (Erwachsenwerden, Freundschaft, Liebe, Zukunft, Hoffnung, Angst, Herkunft, Identität, Ausgrenzung, Fremdenfeindlichkeit) auch moderne oder klassische Stücke, Theatertechniken	Es wird gespielt, was gefällt!
Zuschauer	Familie und andere Kinder	Familie, Freunde, Arbeits- und Studienkollegen	jeder, der dabei sein will
Besonderheiten	Regeln und Konsquenzen, kleinschrittiger Aufbau, Bewegungsdrang und Tagesform berücksichtigen	Motivation (Bereitschaft) zum Theaterspielen muss geklärt sein, Tagesform und eigene Themen (Probleme, Stress in der Schule usw.) der TN berücksichtigen	selbst organisierte Strukturen (Verein, Probenraum, Bau des Bühnenbilds, Schneidern von Kostümen, Gestaltung von Plakaten und Programmheft usw.)

* die Größe der Gruppe ist u.a. abhängig von der Theaterspielerfahrung der Teilnehmer (hier: Anfänger), der

	Erwachsene (im beruflichen Kontext)	**aktive Ältere**	**Hochaltrige**	**verschiedene Zielgruppen**
	vom Ausbildungsalter bis zur Rente	55+	im höheren Alter oder für Menschen mit altersbedingten Erkrankungen	jeder, der dabei sein will
	in Trainings 8 bis 10 Teilnehmer	8 bis 16 Teilnehmer	6 bis 8 Teilnehmer	8 bis 16 Teilnehmer
	Aus- und Weiterbildungseinrichtungen, Firmen, Unternehmen	soziokulturelle Zentren, Vereine, Theater, freie Bühnen, Altentreffs	Seniorencafés, Pflegeeinrichtungen, Krankenhäuser	kulturelle und soziale Einrichtungen, Vereine, Theater, soziokulturelle Zentren
	die Zeit wird vom Unternehmen festgelegt bzw. mit diesem abgesprochen	Vormittag oder Nachmittag (selten abends)	am Vormittag oder frühen Nachmittag	nachmittags, abends oder am Wochenende
	3 bis 4 Stunden bei Halbtagesveranstaltungen, 6 bis 8 Stunden bei Ganztagesveranstaltungen, an mehreren einzelnen oder aufeinanderfolgenden Tagen	ab 90 Minuten, Workshops / fortlaufende Kurse / Projekte	mit Hochaltrigen 60 bis 120 Min. (je nach Tagesform), fortlaufende Kurse / Projekte	ab 90 Minuten, Tagesworkshops, fortlaufende Kurse / Projekte
	Seminare, Schulungen, Trainings zur Förderung persönlicher oder sozialer Kompetenzen, Teambildung, Kommunikation usw.	Komödien, Volkstheater- und Mundartstücke, Boulevard, Kabarett, Biografisches, klassische Stücke, Theatertechniken	biografische und lebensweltorientierte Themen oder auch nur Begegnung und Zusammenspiel	Spieler zum Experten machen! – Fokus Unterschiedlichkeit, Gemeinsamkeiten, Eigencharakteristika der Akteure beachten, unterstützen und einbeziehen. Biografische und gesellschaftliche Themen oder auch nur Begegnung und Zusammenspiel
	bei firmeninternen Präsentationen: Kollegen, evtl. Familie und Freunde	Nachbarn, Freunde, Bekannte, Familie, Ältere; bei Aufführung in Senioreneinrichtungen: Einschränkungen des Publikums berücksichtigen	Nachbarn, Freunde, Bekannte, Familie, Ältere; Einschränkungen des Publikums berücksichtigen	Nachbarn, Freunde, Bekannte, Familie, Kollegen; auch hier mögliche Einschränkungen des Publikums beachten
	In Trainings: Hierarchien beachten, Zielformulierungen, bedachter Einsatz von Übungen mit Körperkontakt	Pausen zum Austausch	Barrierefreiheit, Rituale, individuelle Tagesform und Bedürfnisse der TN berücksichtigen, Pausen beachten, kleinschrittiger Aufbau, Spielbegleiter helfen, den Einstieg zu finden	Vorgespräche, eine gemeinsame Sprache finden, Rituale, Pausen, kleinschrittiger Aufbau, individuell unterschiedliche Anforderungen berücksichtigen
Größe des Raums, von der Projektstruktur und der Erfahrung des Theaterpädagogen (hier: Berufsanfänger).				

»Der Vorhang fällt!« – ein Nachwort

Die ersten Schritte in die Theaterpädagogik sind wie das Laufen mit neuen Schuhen. Sie glänzen ganz neu an euren Füßen. Ihr seid stolz auf sie und freut euch, wenn ihr darauf angesprochen werdet: »Sie sind Theaterpädagoge? Toll!« Vielleicht passen sie aber auch noch nicht so richtig, drücken an der einen oder anderen Stelle. Nehmt euch die Zeit, euer neues Schuhwerk richtig einzulaufen. Niemand besteigt in neuen Wanderstiefeln direkt die Zugspitze. Das Mittelgebirge ist dafür besser geeignet. Geht am Anfang ruhig kleine Schritte auf sicheren und scheinbar ausgetretenen Pfaden.

Denn mit der Zeit werden die Schuhe bequemer, aber es wird immer Situationen geben, in denen ihr euch unsicher fühlt, vielleicht weil ihr den Weg noch nicht so genau kennt.

In der Arbeit mit Gruppen liegt ein Hauptaugenmerk auf der Leitung. Von ihr verlangen die Spieler Orientierung. Beim Einstieg in die berufliche Laufbahn kann der Theaterpädagoge darauf vertrauen, dass die Teilnehmer ihm Neugier und Zuversicht entgegenbringen. Der äußere Rahmen stärkt die Position der Leitung. Sie ist die Person, die der Auftraggeber ausgewählt hat. Laut der Qualifikationsbeschreibung bringt sie das Wissen für die Arbeit mit. Das genügt zu Beginn des Projekts und gewährt euch einen Vertrauensvorschuss. Wenn ihr dann doch einmal nicht weiterwisst, habt Mut und traut euch, nach dem Weg zu fragen. Nicht nur die Teilnehmer können mit einer ehrlichen Offenheit (»Ich weiß gerade nicht weiter! Gebt mir Zeit, kurz darüber nachzudenken!« oder: »Was meint ihr, wie können wir jetzt weitermachen?«) gut umgehen.

Auch erfahrene Theaterkollegen können euch eine Richtung weisen. Traut euch, Fragen zu stellen, und nehmt euch Zeit, zuzuhören, wie sie es machen. In Praktika bekommt ihr die Gelegenheit, den Kollegen »auf die Schuhe zu schauen« und von ihnen zu lernen.

Jede Empfehlung und jeder gute Ratschlag ist nur eine Orientierung und kein Rezept, wie es »richtig« geht. Jede Gruppe ist anders, jede Situation ist neu. Habt Lust am Scheitern!

Denn wie zu einer Bergbesteigung gehören zur theaterpädagogischen Arbeit Kratzer, Schrammen und blaue Flecken. Man steht in Interaktion mit anderen und kommt *in Berührung*. Als Leitung kann ich mich nicht verstecken – ich muss Präsenz zeigen, und das ist anstrengend. Hier laufe ich mir auch mal Blasen und schmeiße vielleicht nach einem harten Projekttag die Schuhe einfach in die Ecke.

Das gehört dazu, denn Füße brauchen Zeit, sich an ihre neuen Herausforderungen zu gewöhnen. Reflektiert die Erfahrungen und lernt daraus. Und denkt daran: Morgen kommt wieder ein neuer Tag in den Schuhen des Theaterpädagogen.

Ich hoffe, ich habe mit der Beschreibung meines Blicks auf die Arbeit einige offene Frage beantworten können. Vielleicht entdeckt ihr auch viele Gemeinsamkeiten, die euch bestärken, dass ihr auf dem richtigen Weg seid. Vielleicht seid ihr mit manchen Antworten auch nicht zufrieden, weil ihr es ganz anders macht. Dann vergrabt euch nicht in eurer Arbeit, sondern erzählt davon. Berichtet aus der Praxis, damit andere Theaterpädagogen an eurer Erfahrung teilhaben können.

Anhang – Wege zum Beruf, Weiterbildung, Links

Ausbildungswege – Theaterpädagoge werden

In den vergangenen fünfundzwanzig Jahren ist schrittweise ein breit gefächertes Aus- und Weiterbildungssystem im Bereich der Theaterpädagogik entstanden. Inzwischen gibt es Theaterpädagogik als Bachelorstudiengang (Dauer: 6 Semester) und als Masterstudiengang (Dauer: 4 Semester) an verschiedenen Hochschulen. Seit 1990 gibt es auch einen eigenen Berufsverband, den Bundesverband Theaterpädagogik (BuT). Er hat verbindliche Rahmenrichtlinien für eine qualitative, vergleichbare und anerkannte Aus- und Weiterbildung zum/zur Theaterpädagogen (BuT)/Theaterpädagogin (BuT)® entwickelt. Diese umfasst 1700 Unterrichtsstunden und kann in einer Vollzeitausbildung (Dauer: 1 Jahr) oder in einer Teilzeitfortbildung (Dauer: 4 Jahre) absolviert werden.

Theaterpädagogik ist keine geschützte Berufsbezeichnung. So gibt es im Berufsfeld der Theaterpädagogik auch Quereinsteiger, die eine Grundausbildung in Schauspiel, Regie oder Pädagogik haben und die die Landschaft der Theaterpädagogik bereichern.

An einigen Fachhochschulen findet sich Theaterpädagogik auch als Studienschwerpunkt oder als Zusatzqualifikation im Fach »Darstellendes Spiel« für Lehrer. Innerhalb der Aus- und Weiterbildungsmöglichkeiten gibt es viele unterschiedliche Schwerpunkte und Zugangsvoraussetzungen.

Ausbildungsstätten – Theaterpädagogik studieren

Bachelorstudiengänge

- »Angewandte Theaterwissenschaften«, Universität Giessen (www.uni-giessen.de)
- »Kulturwissenschaften und ästhetische Praxis«, Universität Hildesheim (www.uni-hildesheim.de)
- »Szenische Künste«, Universität Hildesheim (www.uni-hildesheim.de)
- »Theater im Sozialen/Theaterpädagogik«, Fachhochschule Ottersberg (www.fh-ottersberg.de)
- »Theaterpädagogik«, Hochschule Osnabrück/Campus Lingen (www.campus-lingen.hs-osnabrueck.de)
- »Theaterpädagogik«, Zürcher Hochschule der Künste (www.zhdk.de)

Masterstudiengänge

- »Angewandte Theaterwissenschaften«, Universität Giessen (www.uni-giessen.de)
- »Inszenierung der Künste und der Medien«, Universität Hildesheim (www.uni-hildesheim.de)
- »Performance Studies«, Universität Hamburg (www.performance.uni-hamburg.de)
- »Theaterpädagogik«, Friedrich-Alexander-Universität Erlangen-Nürnberg
- »Theaterpädagogik«, Hochschule für Musik und Theater Rostock (www.hmt-rostock.de)
- »Theaterpädagogik«, Universität der Künste (www.udk-berlin.de)
- »Theaterpädagogik«, Zürcher Hochschule der Künste (www.zhdk.de)

Erweiterungsstudiengänge

- »Spiel- und Theaterpädagogik«, Pädagogische Hochschule Heidelberg (www.ph-heidelberg.de)
- »Studienschwerpunkt Theaterpädagogik«, Pädagogische Hochschule Zürich (www.phzh.ch)

Erweiterungsstudiengänge mit Anerkennung vom Bundesverband Theaterpädagogik

- »Spiel- und Theaterpädagogik«, Pädagogische Hochschule Ludwigsburg (www.ph-ludwigsburg.de)
- »TaSK - Theater als soziale Kunst«, Fachhochschule Dortmund (www.fh-dortmund.de)

- »Theaterpädagogik« Evangelische Hochschule Berlin (www.eh-berlin.de)
- »Theaterpädagogik« Hochschule Düsseldorf (www.hs-düsseldorf.de)
- »Theaterpädagogik«, Hochschule für Musik und Theater Rostock (www.hmt-rostock.de)

Ausbildungsinstitute, die nur die Grundlagenausbildung anbieten (600 Unterrichtsstunden)

- AGB Ausbildungsinstitut Wien — www.agb-seminare.at
- ARTefix Homburg — www.artefix.de
- BDAT Bund deutscher Amateurtheater — www.bdat.info
- Bildungswerk für Theater und Kultur Hamm — www.btkhamm.de
- BV Kulturarbeit in der evangelischen Jugend — www.bka-online.org
- dell'arte Hamburg — www.dellarte-theaterpaedagogik.de
- Institut für Jugendarbeit Gauting — www.institutgauting.de
- LAG Spiel und Theater NRW — www.spiel-und-theater-nrw.de
- Landeszentrum Spiel & Theater Sachsen-Anhalt, Magdeburg — www.lanze-lsa.de
- Pädagogisches Institut München — www.pi-muenchen.de
- Tempus Fugit Lörrach — www.fugit.de
- Theatertage am See Friedrichshafen — www.theatertage-am-see.de
- TPZ Lingen — www.tpzlingen.de
- TPZ Münster — www.tpz-muenster.de
- Theater Verband Tirol Innsbruck — www.theaterverbandtirol.at
- Theatervolk Institut für Theaterpädagogik — www.theatervolk.de
- TuT-Schule für Tanz, Clown und Theater Hannover — www.tut-hannover.de

Die Vollausbildung zum Theaterpädagogen (BuT) (1700 Unterrichtsstunden)

- aisthetos akademie, Neuwied — www.aisthetos-akademie.de
- Akademie der Kulturellen Bildung, Remscheid — www.akademieremscheid.de
- Akademie Off-Theater NRW, Neuss — www.off-theater.de
- Alanus Werkhaus Alfter/Bonn — werkhaus.alanus.edu
- Das Ei - Theaterpädagogisches Institut Bayern, Nürnberg — www.dasei.eu
- Hochschule für Musik und Theater, Rostock — www.hmt-rostock.de
- Institut Angewandtes Theater, Wien — www.ifant.at
- Interkulturell-Aktiv, Berlin — www.interkulturellaktiv.de

- LAG Spiel und Theater, Berlin — www.lagstb.de
- LAG Theaterpädagogik Baden-Württemberg, Reutlingen — www.lag-theater-paedagogik.de
- Otto-Suhr-Volkshochschule, Berlin-Neukölln — www.berlin.de/vhs-neukoelln
- Projektschmiede Dresden — www.projektschmiede.net
- SpielRaum- Freiburger Institut für Theaterpädagogik — www.spiel raum-theater.de
- Stiftung SPI- Fachschulen, Qualifizierung & Professionalisierung, Berlin — www.stiftung-spi.de
- Theater-Akademie Stuttgart — www.theater-akademie-stuttgart.de
- Theaterpädagogische Akademie / Theaterwerkstatt Heidelberg — www.theaterwerkstatt-heidelberg.de
- TPZ Köln/ Bildungswerk Darstellende Künste — www.tpzak.de
- Werkstatt-Bildungswerk / TPZ-Ruhr, Essen — www.tpz-ruhr.de

Quelle: www.butinfo.de (Stand: April 2018)

Vielseitig – wo und wie Theaterpädagogen heute arbeiten

In den letzten Jahren ist sowohl die Nachfrage theaterpädagogischer Projekte im kulturellen Sektor (Theater, Oper, Ballett, Museen) gestiegen als auch im schulischen Bereich, z. B. durch die Wahlmöglichkeit des Faches »Darstellendes Spiel« in einigen Bundesländern. Theaterpädagogen arbeiten daher mittlerweile an vielen Orten und mit vielen Zielgruppen. Hier ein kurzer Überblick zu Arbeitsfeldern und Aufgaben:

- In *Theatern, Opern- und Balletthäusern*: Sie bieten Theatergruppen (Kinder-, Jugend- und Seniorenclubs) an, entwickeln Projekte mit und für Schulen, sind in die Werbung eingebunden und entwickeln Lehrerfortbildungen.
- Im *öffentlichen Bildungssystem*: In Kindergärten tauchen sie in die Welt von Kinderträumen ein, an Schulen entwickeln sie mit Jugendlichen zusammen aus Shakespeares ROMEO UND JULIA ein Theater-Battle oder begleiten junge Erwachsene aktionsreich an Universitäten während ihres Studiums.
- In der *beruflichen Aus- und Weiterbildung*: In Unternehmen schulen Theaterpädagogen Mitarbeiter und Vorgesetzte in Kommunikationsseminaren und Coachings.

- In gruppenspezifischen *Angeboten verschiedener Träger*: In Senioreneinrichtungen bringen sie die Lebensgeschichten älterer Menschen auf die Bühne. In Vereinen und sozialen Einrichtungen arbeiten sie mit Menschen jeden Alters, jeder Nationalität und aus jeder Gesellschaftsschicht.

Neben dem klassischen Aufgabenbereich des Theaterpädagogen – der Entwicklung und Durchführung von Projekten – ist bei festen wie freiberuflichen Stellen häufig auch die dazugehörige Bürotätigkeit gefragt. Der Theaterpädagoge berät zu Angeboten des Theaters oder anderen Trägern, baut Kontakte auf und pflegt diese (z.B. zu Bildungseinrichtungen), er schreibt Ankündigungstexte, erstellt Newsletter und beantwortet Telefonanfragen. Er initiiert szenische Stückeinführungen, Nachbesprechungen, Ausflüge im oder in das Theater und erstellt Mappen zur Vor- und Nachbereitung theaterpädagogischer Einheiten.

Je nach Institution können die Organisation und Leitung von Workshops, Fortbildungen und Theaterfestivals dazukommen oder auch die Zusammenarbeit mit Dramaturgen, Regisseuren und dem Intendanten, z.B. bei der Spielplangestaltung.

Die theaterpädagogische Arbeit in der Freiberuflichkeit

Anders als am Theater, wo ich in einem Team arbeite, ist der freie Theaterpädagoge auf sich selbst gestellt. Er bekommt Anfragen, z.B. eine Theatergruppe zu leiten, oder er kann Projekte initiieren. Gewöhnlich werden Projekte über Empfehlungen oder persönliche Kontakte (Netzwerk) vermittelt. Manchmal tritt der Auftraggeber (eine Schulleitung, ein Firmenchef oder die Leitung eines Seniorenheims) auch direkt mit einem Theaterpädagogen über seine Werbung (Flyer, Website oder Presseartikel) in Kontakt.

Neben der Akquise von Projekten ist der freiberufliche Theaterpädagoge, wie jeder selbstständige Unternehmer, für die Strukturierung seines Tagesablaufs, die Organisation der Büroaufgaben (Rechnungen schreiben, Kontakte pflegen, Buchhaltung, Steuer), den Ausfall bei Krankheit oder Urlaub selbst verantwortlich. Nicht zu vergessen, dass er die Kosten der Kranken-, Renten- und Pflegeversicherung für sich tragen muss. Theaterpädagogen können die Aufnahme in die Künstlersozialkasse (KSK) beantragen, die 50 % der Versicherungsleistungen übernimmt.

Da die Zahl der festen Stellen für Theaterpädagogen begrenzt ist, bleibt vielen keine andere Wahl, als freiberuflich zu arbeiten. Andere wählen bewusst diese Form der Selbstständigkeit, da sie mehr Gestaltungsspielraum und einen höheren Verdienst ermöglicht. Es ist wichtig, sich vorher zu fragen, ob man mit der Arbeitsform Freiberuflichkeit zurechtkommt. Denn es gibt keine Sicherheit, an welchen Projekten man im nächsten Jahr beteiligt ist und wie viel man verdienen wird. Dafür braucht man den Mut, auch Risiken einzugehen. Für neue Projektideen ist Kreativität gefragt, aber auch Ausdauer, wenn finanzielle Mittel oder Unterstützer fehlen, um ein lang geplantes Konzept umzusetzen.

Wer selbst einen Theaterworkshop anbieten will, muss sich Räume suchen und Werbung machen, um Theaterinteressierte zu gewinnen. Als Veranstalter trägt der Theaterpädagoge das gesamte Risiko für das Projekt und muss alternative Finanzierungsmöglichkeiten (Spender, Sponsoren oder Fördergelder) finden oder im schlimmsten Fall die Kosten selbst übernehmen, wenn sich nicht genug Teilnehmer anmelden.

Freiberufliche Theaterpädagogen leiten Theaterprojekte in sozialen oder kulturellen Einrichtungen oder geben Workshops in Bildungsinstitutionen, Unternehmen oder künstlerischen Betrieben. Sie können auch in bildungspolitische oder in therapeutische Prozesse eingebunden sein, wie z. B. in der (Gewalt-)Präventionsarbeit oder in der Arbeit mit Menschen mit körperlichen, geistigen oder seelischen Einschränkungen. Dabei gilt: Die Arbeit des Theaterpädagogen ist ein freies Angebot und nicht mit einem Heilungsauftrag verbunden. Außerdem begleiten Theaterpädagogen Menschen in Qualifizierungsmaßnahmen oder sind mit der Bearbeitung von Konflikten im Berufsleben oder im Alltag konfrontiert.

Zur Finanzierung freier Theaterprojekte

Ein freies Theaterprojekt finanziert sich aus Teilnehmerbeiträgen, Fördergeldern und auch über Sponsoren oder Spenden. Ein Sponsor kann zum Beispiel die Druckerei sein, bei der die Flyer gedruckt werden. Als Gegenleistung für einen Preisnachlass betreibt sie Eigenwerbung mit einem Logo auf der Rückseite des Flyers.

Eine weitere Möglichkeit ist ein Antrag für eine Projektförderung. Es gibt regionale, nationale oder europäische Förderprogramme, die von der Bundesregierung, vom Bundesland, der Stadt oder von privaten Stiftungen unterhalten werden. Sie unterstützen Projekte mit Fördergeldern oder Sachleistungen (Räume oder Technik). Eine Förderung richtet sich immer an bestimmte Zielgruppen oder an ein spezielles Thema. Theaterpädagogen als Einzelpersonen können nur bei speziellen Programmen einen Antrag stellen. Viele Stiftungen verlangen, dass der Antragsteller gemeinnützig ist, d.h., dieser muss ein eingetragener Verein oder eine gemeinnützige GmbH sein. Viele soziale und kulturelle Einrichtungen haben diese Rechtsform oder sie haben einen Förderverein, der diese Voraussetzungen erfüllt. Auch immer mehr Schulen haben solche Fördervereine, die Spendenbescheinigungen ausstellen und Anträge für Projekte stellen können. Alle Informationen dazu finden sich in der Regel auf der Internetseite des Förderers.

Zahlen – kann man davon leben?

Ähnlich wie in anderen künstlerischen Berufen bietet auch das Berufsfeld der Theaterpädagogik kaum eine finanzielle Absicherung bis zur Rente. In einer Befragung der Online-Plattform Theapolis (ehemals theaterjobs.de) im Jahr 2013 lag der Verdienst von freiberuflichen und angestellten Theaterpädagogen in der Spannbreite von 1142,– € bis 2356,– € (brutto) im Monat.

Theaterpädagogen an einem Theater beginnen im Durchschnitt mit einer Einstiegsgage von 1650,– € (brutto). Diese ist die derzeitige Mindestgage nach den Bestimmungen des NV-Bühne (Normalvertrag). Bei jedem neuen Vertragsabschluss (Intendantenwechsel) kann eine höhere Gage verhandelt werden. Die Höhe des Honorars für Theaterpädagogen ist von Projekt zu Projekt, von Auftraggeber zu Auftraggeber und von Region zu Region sehr unterschiedlich. Freiberufliche Theaterpädagogen haben in der Befragung von theaterjobs.de 2013 einen Durchschnittsverdienst von 2100,– € (brutto) angegeben.

Viele Theaterpädagogen arbeiten neben ihrer theaterpädagogischen Tätigkeit noch in Teilzeit in anderen Berufen, um ihren Lebensunterhalt zu sichern. Andere bleiben in ihrem Erstberuf oder erlernen noch einen weiteren Beruf und nutzen die Theaterpädagogik in dieser Arbeit.

»Verkauf dich nicht unter Wert!« – die Checkliste für Honorarverhandlungen von Theaterpädagogen

entwickelt vom Bundesverband Theaterpädagogik (BuT)

Für die eigene Honorarkalkulation ist es wichtig zu wissen, was man monatlich braucht, um seinen Lebensunterhalt bestreiten zu können, und wie viel man dafür arbeiten muss. Dabei darf man nicht die Arbeitszeit vergessen, die man in Buchhaltung, die eigene Werbung und Akquise für neue Projekte investieren muss. Darüber hinaus gibt es Projekte, bei denen der Stundensatz geringer ist, aber man z. B. eine Vor- und Nachbereitungszeit abrechnen kann. Andere Projekte werden nicht hoch honoriert, geben einem aber Planungssicherheit für das nächste Jahr. Um dies alles besser einschätzen zu können, soll die Checkliste eine Hilfestellung geben, wo man mit seinen Kunden in die Verhandlung gehen kann.

	Ja	Nein
Was kann ich anbieten?		
1. Ich bin Theaterpädagoge BuT / B.A. / M.A.	☐	☐
2. Ich bin in der Ausbildung / Studium	☐	☐
3. Ich habe Berufserfahrung (z. B. mehrere Projekte selbständig durchgeführt)	☐	☐
4. Ich habe weitere Zusatzqualifikationen, die für das Projekt von Vorteil sind	☐	☐
Wie ist das Angebot des Kunden?		
5. Der Stundensatz liegt über 20 € / Stunde	☐	☐
6. Ich bekomme meine Fahrtkosten erstattet	☐	☐
7. Ich bekomme die Vor- und Nachbereitungszeit honoriert	☐	☐
8. Ich kann die Ausgaben für Material / Räume abrechnen	☐	☐
Welchen Mehrwert hat das Projekt?		
9. Das Projekt ist langfristig angelegt (z. B. jedes Schuljahr eine Projektwoche)	☐	☐
10. Das Projekt wird mehrmals stattfinden	☐	☐
11. Es ist ein »neuer« Kunde und daraus können Folgeprojekte entstehen	☐	☐
12. Es ist ein »alter« Kunde, für den ich regelmäßig Projekte durchführe	☐	☐
13. Ich kooperiere mit anderen Künstlern / Fachkräften und lerne neue Netzwerke kennen	☐	☐
14. Das Projekt bekommt öffentliche Aufmerksamkeit (z. B. durch eine Aufführung oder Pressearbeit)	☐	☐
15. Die inhaltliche Ausrichtung des Projekts finde ich spannend	☐	☐
16. Ich kann etwas Neues lernen	☐	☐

Welche Konsequenzen ziehe ich aus der Checkliste?

Überprüfe die »Neins« im Einzelfall und sammele Ideen, wie sie möglicherweise behoben werden können. Was liegt bei dir, und was liegt bei deinem Auftraggeber?

In der Honorarverhandlung solltest du selbstbewusst auftreten und auf Augenhöhe mit deinem Auftraggeber verhandeln. Wenn das Honorar unter 20 / Stunde liegt, dann spreche deinen Auftraggeber an, ob man gemeinsam nach finanzieller Unterstützung suchen kann. Dies können lokale Sponsoren, Stiftungen oder sogar die Erhöhung oder Einführung von Teilnehmergebühren sein. Wenn es eine gemeinnützige Einrichtung ist, dann könnt ihr gemeinsam einen Antrag stellen und so das Budget anheben. Hierüber kannst du dann auch Fahrtkosten und die Kosten für dein Material abrechnen.

Sind die Voraussetzungen für deine Honorarverhandlungen nicht sehr gut, dann trete deinem Auftraggeber offen gegenüber und spreche die Bereiche, in denen du ein »Nein« angekreuzt hast, an. Vielleicht kannst du hier noch eine Veränderung erreichen.

Wenn du sehr an dem Projekt interessiert bist, aber es nur ein festes Budget gibt, dann spreche über die Verringerung der Projektdauer. So sinkt deine Stundenzahl, aber dein Honorar steigt.

Hast du viele »Nein«-Antworten in deiner Checkliste, dann solltest du noch einmal deine eigene Situation überdenken. Wenn du Berufsanfänger bist, dann kannst du in diesem Projekt Berufspraxis sammeln. Aber wenn du ausgebildeter Theaterpädagoge bist, dann solltest du noch einmal mit dem Auftraggeber in Verhandlung treten. Sicher lassen sich Alternativen finden, deine Arbeit entsprechend zu honorieren, so dass sich deine »Neins« in »Jas« verwandeln. Wenn sich dein potentieller Auftraggeber nicht kooperativ zeigt, dann habe durchaus den Mut, diese Projektanfrage abzusagen. Die Zeit und Energie kannst du in diesem Fall nutzen, um neue Kunden für dich zu gewinnen, dir selbst ein Projekt auszudenken und nach Fördermöglichkeiten zu suchen. Oder du bietest selbst einen Theaterkurs an.

Verkaufe dich nicht unter Wert! Denn du hast viel Zeit und Energie in deine Ausbildung gesteckt und solltest für deine Arbeit entsprechend honoriert werden.

Hilfestellung zur Berechnung der monatlichen Ausgaben

Welche *Ausgaben* habe ich für ...?

- Miete und Nebenkosten
- den täglichen Bedarf (Lebensmittel, Genussmittel, Hygiene- und Putzartikel)
- Bekleidung, Schuhe, Accessoires
- Telefon / Handy
- Internet, GEZ
- Haushalt (Einrichtung, Geräte und Zubehör)
- Gesundheit (Arztbesuche, Arzneimittel)
- Freizeit und Hobby
- Ausgaben für Öffentliche Verkehrsmittel
- privates Kraftfahrzeug inklusive Steuer, Versicherung, Reparaturen, Benzin, Stellplatz
- Weiterbildung
- Ratenzahlungen, Sparverträge
- Zinsen, Tilgung für Kredite
- Unterhaltszahlungen
- sonstige regelmäßige Verpflichtungen
- Kranken- und Pflegeversicherung
- Rentenversicherung
- Lebensversicherung
- sonstige Versicherungen
- sonstige Ausgaben

Was kostet mich meine Freiberuflichkeit?

- Erstausstattung Büro
- PC, Laptop, Drucker
- Miete für Seminarräume
- Erstausstattung für Marketing (Visitenkarten, Flyer, Website)
- Betriebsfahrzeug / Ausgaben für Öffentliche Verkehrsmittel
- Telefon, ISDN- / DSL-Neuanschluss, Netzwerk
- Grundausstattung für Seminarmaterialien
- Fachliteratur
- Sonstiges

➤ Weitere Anregungen und Hilfestellungen findest du auf der Website www.butinfo.de, die auch die Quelle dieser Listen ist.

Weiterführende Literatur zur Theaterpädagogik

Anklam, Sandra / Meyer, Verena / Reyer, Thomas: Didaktik und Methodik in der Theaterpädagogik: Szenisch-Systemisch: Eine Frage der Haltung!?. Seelze 2018

Ayckbourn, Alan: Theaterhandwerk. 101 selbstverständliche Regeln für das Schreiben und Inszenieren. Berlin [3]2010

Baer, Ulrich: 666 Spiele für jede Gruppe, für alle Situationen. Hannover [25]2013

Bidlo, Tanja: Theaterpädagogik. Einführung. Essen 2006

Boal, Augusto: Theater der Unterdrückten. Übungen für Schauspieler und Nicht-Schauspieler. Frankfurt am Main [6]2013

Ders.: Der Regenbogen der Wünsche. Methoden aus Theater und Therapie. Milow 2006

Brecht, Bertolt: Schriften zum Theater. Frankfurt am Main [24]2000

Broich, Josef: Theaterpädagogik konkret. Köln [5]2015

Brook, Peter: Der leere Raum. Berlin [11]2012

Dörger, Dagmar / Nickel, Hans-Wolfgang (Hg.): Spiel- und Theaterpädagogik studieren. Milow 2005

Petit, Lenard: Die Cechov-Methode. Handbuch für Schauspieler. Leipzig 2014

Fischer-Lichte, Erika: Semiotik des Theaters (Band 1): Das System der theatralischen Zeichen. Tübingen [5]2007

Dies.: Die Entdeckung des Zuschauers. Paradigmenwechsel auf dem Theater des 20. Jahrhunderts. Tübingen 1997

Grotowski, Jerzy: Für ein Armes Theater. Berlin [3]2006

Hentschel, Ulrike: Theaterspielen als ästhetische Bildung. Über einen Beitrag produktiven künstlerischen Gestaltens zur Selbstbildung. Berlin [3]2010

Hentschel, Ingrid: Brecht und Stanislawski – und die Folgen. Anregungen für die Theaterarbeit. Berlin 1997

Hilliger, Dorothea: Theaterpädagogische Inszenierung. Beispiele, Reflexionen, Analysen. Berlin [2]2009

Hippe, Eva / Hippe, Lorenz: Theater direkt – das Theater der Zuschauer: ein Beitrag zur kollektiven Kreativität. Weinheim 2011

Hippe, Lorenz: Und was kommt jetzt? – szenisches Schreiben in der theaterpädagogischen Praxis. Weinheim 2011

Hofmann, Fu Li: Theaterpädagogisches Schauspieltraining. Ein Versuch. Bielefeld 2014

Hruschka, Ole: Theater machen: Eine Einführung in die theaterpädagogische Praxis. Stuttgart 2016

Jenisch, Jakob: Handbuch Amateurtheater. Berlin 2005, mit DVD

Ders.: Der Darsteller und das Darstellen. Ich selbst als ein anderer. Grundbegriffe für Praxis und Pädagogik, Berlin 1996

Johnstone, Keith: Theaterspiele. Spontaneität, Improvisation und Theatersport, Berlin [9]2014

Ders.: Improvisation und Theater. Berlin [11]2013

Koch, Gerd/Streisand, Marianne (Hg.): Wörterbuch der Theaterpädagogik. Berlin 2003

Koch, Gerd/Roth, Sieglinde/Vaßen, Florian (Hg.): Theaterarbeit in sozialen Feldern. Ein einführendes Handbuch. Frankfurt am Main 2004

Köhler, Norma: Biografische Theaterarbeit zwischen kollektiver und individueller Darstellung. Ein theaterpädagogisches Modell. München 2009

König, Oliver/Schattenhofer, Karl: Einführung in die Gruppendynamik. Heidelberg [6]2012

Langmaack, Barbara/Braune-Krickau, Michael: Wie die Gruppe laufen lernt: Anregungen zum Planen und Leiten von Gruppen. Ein praktisches Lehrbuch. Weinheim [8]2000

Lecoq, Jacques: Der poetische Körper, eine Lehre vom Theaterschaffen. Berlin [3]2012

Lehmann, Hans-Thies: Postdramatisches Theater. Frankfurt am Main [5]2011

Martens, Gitta: Wisst ihr, was gestern passiert ist? Kinder erzählen und spielen – Playbacktheater in Grundschule und Freizeit. Weinheim 2008

Neumann, Lilli/Müller-Weith, Doris/Stoltenhoff-Erdmann, Bettina (Hg.): Spielend leben lernen. Berlin 2008

Nickel, Hans-Wolfgang: Regie: Thema und Konzept. Milow 2009

Nix, Christoph/Sachser, Dietmar/Marianne, Streisand (Hg.): Lektionen 5. Theaterpädagogik. Berlin 2012

Pfeiffer, Malte/List, Volker: Kursbuch Darstellendes Spiel. Stuttgart 2009

Pinkert, Ute (Hg.): Theaterpädagogik am Theater. Kontexte und Konzepte von Theatervermittlung. Berlin 2014

Rellstab, Felix: Handbuch Theaterspielen, Band 1: Grundlagen – Neues zu Theorie und Praxis. Wädenswil 2007 (Nachdruck)

Ders.: Handbuch Theaterspielen, Band 2: Wege zur Rolle. Wädenswil 2007 (Nachdruck)

Ders.: Handbuch Theaterspielen, Band 3: Theorien des Theaterspielens: Aristoteles, Shakespeare, Diderot, Kleist, Stanislawski, Brecht, Artaud. Wädenswil 2007

Ders.: Handbuch Theaterspielen, Band 4: Theaterpädagogik: Entwicklung, Begriff, Grundlagen, Modelle, Übungen, Beispiele, Projekte. Wädenswil 2003 (Nachdruck)

Sack, Mira: Spielend denken. Theaterpädagogische Zugänge zur Dramaturgie des Probens. Bielefeld 2011

Sachser, Dietmar: Theaterspielflow. Über die Freude als Basis schöpferischen Theaterschaffens. Berlin 2009

Sommer, Harald Volker: Vom Gebrauch des Chors in der Theaterpädagogik. Theorie, Geschichte und Praxis des chorischen Prinzips. Saarbrücken 2011

Stegemann, Bernd (Hg.): Stanislawski-Reader: Die Arbeit des Schauspielers an sich selbst und an der Rolle. Leipzig ^{3}2014

Strasberg, Lee/Wolfgang Wermelskirch (Hg.): Schauspielen und das Training des Schauspielers: Beiträge zur »Method«. Berlin ^{9}2014

Streisand, Marianne/Giese, Nadine/Kraus, Tom/Ruping, Bernd (Hg.): Talking 'bout my generation. Archäologie der Theaterpädagogik II. Lingener Beiträge zur Theaterpädagogik (Band 6). Berlin 2007

Streisand, Marianne/Hentschel, Ulrike/Poppe, Andreas/Ruping, Bernd (Hg.): 1. Generationen im Gespräch. Archäologie der Theaterpädagogik I., Lingener Beiträge zur Theaterpädagogik, Band 4. Uckerland 2005

Vaßen, Florian: Korrespondenzen. Theater – Ästhetik – Pädagogik. Berlin ^{2}2010

Verena Meyer: Spielen, Darstellen, Gestalten: Ein Theater-Mach-Buch auch für Einsteiger. Kempen 2016

Vlcek, Radim: Workshop Improvisationstheater. Übungs- und Spielesammlung für Theaterarbeit, Ausdrucksfindung und Gruppendynamik. Donauwörth ^{8}2013

Wartemann, Geesche: Theater der Erfahrung. Authentizität als Forderung und als Darstellungsform. Hildesheim 2002

Weintz, Jürgen: Theaterpädagogik und Schauspielkunst. Ästhetische und psychosoziale Erfahrungen durch Rollenarbeit. Berlin ^{4}2008

Wenzel, Karola: Arena des Anderen. Zur Philosophie des Kindertheaters. Berlin 2006

Literaturtipps zur theaterpädagogischen Arbeit mit Kindern

Hoffmann, Christel/Israel, Annett: Theater spielen mit Kindern und Jugendlichen. Konzepte, Methoden und Übungen. Weinheim ^{4}2008

Taube, Gerd (Hg.): Kinder spielen Theater. Spielweisen und Strukturmodelle des Theaters mit Kindern. Berlin 2007

Thiesen, Peter: Drauflosspieltheater: Ein Spiel- und Ideenbuch für Kinder- und Jugendgruppen, Schule und Familie. Weinheim ^{8}2013

Literaturtipps für die Theaterarbeit mit Jugendlichen

Meyer, Verena: Abenteuer Theater. Mit Jugendlichen ein Stück entwickeln. Kempen 2007

Plath, Maike: Biografisches Theater in der Schule: Mit Jugendlichen inszenieren: Darstellendes Spiel in der Sekundarstufe. Weinheim 2009

Wenzel, Karl-Heinz: Theater in B.E.S.T.-Form. Plädoyer für ein anderes Jugendtheater. Weinheim ^{2}2008

Literaturtipps zur theaterpädagogischen Arbeit im Unternehmenskontext bzw. mit Erwachsenen

Berg, Markus u.a.: Unternehmenstheater interaktiv. Themenorientierte Improvisation (TOI) in der Personal- und Organisationsentwicklung. Weinheim 2002

Funcke, Amelie/Havermann-Feye, Maria: Training mit Theater: Von der Einzelszene bis zum Unternehmenstheater. Wie Sie Theaterelemente erfolgreich ins Training bringen. Bonn 2004

Vlcek, Radim: Workshop Improvisationstheater: Übungs- und Spielesammlung für Theaterarbeit, Ausdrucksfindung und Gruppendynamik. Donauwörth ^{8}2013

Literaturtipps für die Arbeit mit Senioren und Hochaltrigen

Kollak, Ingrid: Menschen mit Demenz durch Kunst und Kreativität aktivieren. Eine Anleitung für Pflege- und Betreuungspersonen. Frankfurt 2016

Schweitzer, Pam/Bruce, Errollyn: Das Reminiszenz-Buch. Praxisleitfaden zur Biografie- und Erinnerungsarbeit mit alten Menschen. Bern 2010

Schweitzer, Pam/Osborn, Caroline: Erinnern. Eine Anleitung zur Biografiearbeit mit alten Menschen. Freiburg im Breisgau ^{2}2013

Literaturtipps zu Theater als Brückenbauer

Hoffmann, Klaus/Klose, Rainer (Hg.): Theater interkulturell. Theaterarbeit mit Kindern und Jugendlichen. Berlin 2008

Bernd Ruping (Hg.): Theater, Trotz und Therapie. Ein Lies- und Werkbuch des Theaterpädagogischen Zentrums Lingen und des Studiengangs Theaterpädagogik der Fachhochschule Osnabrück. Lingen 1999

Ganß, Michael/Narr, Barbara (Hg.): Alt und Jung im Pflegeheim. Intergenerative Projekte mit Malen, Werken und Theater. Frankfurt am Main 2010

Weitere Anregungen

Buchholz, Goetz/Ortmann, Peter/Pfetsch, Helga: Ratgeber Freie: Kunst und Medien. Hamburg [6]2002
Auch im Internet unter: www.mediafon.net

De Groote, Kim/Nebauer, Flavia: Kulturelle Bildung im Alter. Eine Bestandsaufnahme kultureller Bildungsangebote für Ältere in Deutschland. Remscheid 2008

Kuntz, Stefan: Survival Kit: freies Theater und freier Tanz. Hannover [8]2010

Hilfreiche Links im Netz

BuT – Bundesverband Theaterpädagogik
www.butinfo.de
Literatur zu Theater und Theaterpädagogik
http://www.butinfo.de/sites/default/files/downloads/literaturliste.pdf

Deutscher Bühnenverein
www.buehnenverein.de

BDAT – Bund Deutscher Amateurtheater
www.bdat.info

BKJ – Bundesvereinigung Kulturelle Jugendbildung
www.bkj.de

BAG – Bundesarbeitsgemeinschaft Spiel und Theater
www.bag-online.de

Das Deutsche Archiv für Theaterpädagogik (DATP) Lingen
http://www.datp.findbuch.net

Deutsche Gesellschaft für Theaterpädagogik
http://www.gesellschaftfuertheaterpaedagogik.net

WortWolf – Der TheaterPädBlog zu Wort und Haltung
www.theaterpaedblog.de

TOP – Theaterpädagogisches Online Portal
www.echtestheater.de

Angewandte Theaterforschung
www.angewandte-theaterforschung.de

THEAPOLIS - Plattform für Theaterprofis
www.theapolis.de

Jobbörse vom Deutschen Bühnenverein
buehnenjobs.de

Künstlerberatung
www.kuenstlerrat.de

Zeitschriften

Junge Bühne
www.die-junge-buehne.de

Schultheater
www.friedrich-verlag.de

Spiel und Theater
www.dtver.de

Spiel & Bühne
www.bdat-online.de

Theater heute
www.theaterheute.de

Theater der Zeit
www.theaterderzeit.de

Zeitschrift für Theaterpädagogik (Korrespondenzen)
http://www.theaterpaedagogik.org
http://www.archiv-datp.de/korrespondenzen/

Theatertexte im Internet und im Buch
www.schultheatertexte.de
www.theaterbuchversand.de
www.textbuehne.eu
www.theaterberatung-bw.de
www.theatertexte.de

Reihe »Spielplatz – Kinder spielen Theater«
www.verlagderautoren.de

Reihe »Spectaculum«
www.suhrkamp.de

Reihe »Theater Theater«
www.fischerverlage.de

Bekes, Peter (Hg.)/Gabriela Paule: Texte.Medien: SpielRäume – Theaterstücke für junge Leute: Textausgabe mit Materialien. Braunschweig 2010
Braun, Karl Heinz: Minidramen. Frankfurt am Main [8]2012
Fricke, Almuth (Hg.): Reif für die Bühne. Neue Stücke für Seniorentheater. Band 1. München 2010
Dies. (Hg.): Reif für die Bühne. Neue Stücke für Seniorentheater. Band 2. München 2013

Dank

»Ein Buch schreibt sich nicht allein.« – Ein Satz, den ich nach diesen fünf Monaten erst richtig nachvollziehen kann.

Mein Dank gilt dem Lektorinnen-Team Susanne Van Volxem, Anja Herrling und Susi Saussenthaler, das mich in den letzten Zügen des Entstehungsprozesses wunderbar begleitet hat. Wibke Hartewig, die den Stein ins Rollen gebracht hat und immer mit Rat zur Seite stand. Ein großes Dankeschön geht an Katrin Zöfel und Fred Gimpel, die »Geburtshilfe« geleistet haben. Eure motivierenden Worte und ehrlichen Rückmeldungen haben mich immer wieder zurück auf den richtigen Weg gebracht. Ich danke auch Erpho Bell und Lorenz Hippe für ihren fachlichen Rat und ihre Meinung. Christoph und Caroline für den »spitzen Bleistift« und die menschliche Begleitung. Und vor allem danke ich Sebastian, der mich in allen Höhen und Tiefen des Theaterpädagoginnen-Alltags begleitet. Zu guter Letzt möchte ich mich bei meinen wunderbaren Kollegen für den anregenden Austausch, die kontroversen Gespräche und alle Abenteuer bedanken, die wir zusammen erlebt haben. Ich hoffe, es werden noch viele Projekte, Seminare, Workshops, Labore und Tagungen folgen.

Über die Autorin

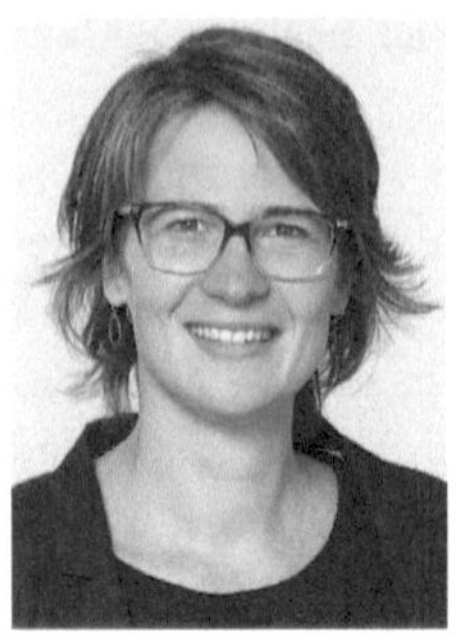

Jessica Höhn, geboren 1982, Studium der Sozialen Arbeit und Theaterpädagogik an der Fachhochschule Dortmund, Schauspielausbildung, Weiterbildung im Kulturmanagement, Masterstudiengang »Kultur, Ästhetik, Medien« an der Hochschule Düsseldorf. Seit 2006 ist sie als Theaterpädagogin (BuT) freiberuflich tätig. Sie leitet Theaterprojekte, inszeniert Theaterstücke mit Laien und gibt Workshops für Unternehmen und Bildungsinstitute. Sie ist Künstlerin im Projekt »AbenteuerKultur« des dm-drogeriemarktes. Seit 2014 ist sie Leiterin des Leverkusener Seniorentheaterensembles »Silberdisteln«. Sie ist Mitbegründerin des »Theaters „Demenzionen – Inszenierung von Theaterstücken für Hochaltrige und Menschen mit Demenz« und Dozentin in der Weiterbildung »Kulturgeragogik« an der Fachhochschule Münster. Seit 2009 ist sie Lehrbeauftragte an der Hochschule Düsseldorf und leitet dort den Erweiterungsstudiengang »Theaterpädagogik«. Sie ist Mitglied in der Bildungskommission des Bundesverbands Theaterpädagogik (BuT) und im Beirat des Verbands für Kunst- und Kulturgeragogik (KKG). Seit 2017 arbeitet Jessica Höhn als wissenschaftliche Mitarbeiterin an der Hochschule Osnabrück/Campus Lingen im Forschungsprojekt »TiP.De – Theater in der Pflege von Menschen mit Demenz«.

www.Jessica-Hoehn.de